2016 年度青岛市社会科学规划研究项目

王成程 著

农村社会养老保险制度的变迁

基 于 主 体 互 动 的 视 角

CHANGES OF RURAL SOCIAL ENDOWMENT
INSURANCE SYSTEM

From the Perspective of
Interactions among Subjects

社会科学文献出版社
SOCIAL SCIENCES ACADEMIC PRESS (CHINA)

序

　　前些日子，成程和她的先生来看我，喝茶聊天时，她告诉我一个好消息，就是在其博士论文基础上修改的专著即将由社会科学文献出版社出版。这也曾是在成程的博士生涯中，我向她提出的最后一个要求："你的论文很有意思，将来再修改一下，争取出版。"五年后，这个愿景即将成为现实，她请我为她的书作序，我自然欣然接受。

　　就博士生而言，成程是我的"关门弟子"。第一次听到她的名字，我错以为是"诚诚"（可能是受到《上海滩》的影响）。但后来见到她本人，给我的印象也确实是"诚诚"。她为人内敛，似乎有点儿与世无争，这和我的"散仙"性格比较合得来。我看了她在本科和硕士阶段写的一些论文，感觉文笔不错，现在找一个有点文字真功夫的学生亦属不易。之后几年的相处，发现她有时老实得令人发噱。她想找到国外大学交流学习的机会，我帮她找了加拿大的大学和教授。万事俱备，可她突然告诉我："老师，我记错了时间，报名已经结束了，没赶上……"说完，她又去埋头读书写论文了，好像什么也没发生……

　　博士二年级，到讨论毕业论文时，我问她准备写什么，她想了一下，问我能否写"新农保"，因为她在这方面有些感性上的积累。说实话，这个论题很让我挠头，因为在我眼里这是个已经差不多被写滥了的题目。这次谈话，没有结果。但她在我家书架上找到其师母的博士论文《中国社会工作专业化的发展过程研究：国家、社会与学术的多元互动》，说借去看看。一个星期后，她给出了她的论文选题："农村社会养老保险的制度变迁研究——中央政府、地方政府与农民的多元互动"。呵呵，表面的拙掩盖了骨子里的灵。写的还是农村社会养老保险，但跳出了俗套，有可能写出新意。

成程以她的博士论文修改完善而成的这本书《农村社会养老保险制度的变迁——基于主体互动的视角》值得一看：她在书中讨论了中央政府、地方政府和农民在农村社会养老保险制度变迁过程中的互动关系。更有意思的是，她的研究发现：其实在制度变迁过程中，这三者的互动关系更多是表现为两两联合的博弈态势。有中央政府和地方政府"行政权力"的联合，也有地方政府和农民"利益"的联合。将这三者和两组"联合"放到"旧农保"和"新农保"两个不同的阶段去考察，可以清晰地观察和理解中国农村社会养老保险制度发展过程中的种种博弈与妥协。这样的研究思路对中国农村经济社会和民生保障的制度变迁的讨论应该会有较为普遍的解释力。

希望早日见到成程的著作。最后说句绕口令作为这篇序言的结束语吧：成程以诚诚而成，今后更以诚诚成程。

2019 年 5 月 16 日

目　录

第一章　人口老龄化与农村社会
养老保险制度

长期以来，中国农村养老保障一直是全社会关注的焦点问题。国内外学者以不同的研究视角和研究方法对中国农村养老保障的各个方面做了相应的研究，为中国农村养老保障的发展提供了重要的学术资料。本研究的主题是：以主体互动为视角探讨农村社会养老保险制度的变迁。本书将就此议题展开探讨，深入讨论中央政府、地方政府和农民在农村社会养老保险制度变迁过程中的多元互动关系。这一章主要讨论全球人口老龄化与农村社会养老保险制度。

第一节　21 世纪是全球性老龄化的世纪

养老保险作为社会保障制度的重要组成部分，是一个国家和社会依法建立的，为解决公民因法定年龄退休以及因年老劳动能力逐渐衰退退出劳动力市场后的基本生活保障问题。21 世纪是全球人口老龄化的世纪，人口老龄化对人类生活的各个方面产生了深远影响，如何探寻新的养老保障思路以应对人口老龄化的变化趋势，是世界各个国家和地区面临的难题。在我国经济转轨和社会转型的进程中，由于老年人口占总人口中的比重日益提高、农村劳动力不断向城市转移、家庭结构核心化和少子化等因素的影响，农村的人口老龄化现象日益凸显。传统的家庭养老和土地保障功能逐渐弱化使农村老年人的养老风险不断增大，对社会养保险的需求也更为迫切。

联合国在1956年发表的《人口老龄化及其经济社会后果》中指出："一个国家或地区65岁及以上老年人口占总人口的比重达到7%，即属于老年型国家或地区。"20世纪80年代以后，发展中国家的老龄化进程加快，根据发展中国家的具体情况，在1982年联合国第一次世界老龄问题大会上，又确立了60岁及以上人口占总人口的比重达10%，即属于老年型国家或地区的标准（唐钧，2010）。

联合国《世界人口展望》（2017年修订版）指出，2017年，全世界60岁及以上人口为9.62亿人，不及15岁以下儿童人口数量的一半。2050年，60岁及以上人口将达到21亿人，与15岁以下的儿童人口数量大致相等。2017～2050年，增长的60岁及以上老年人口中，亚洲占65%，非洲占14%，拉丁美洲和加勒比地区占11%，其他地区占10%。2100年，60岁及以上人口将达到31亿人。

同时，《世界人口展望》（2017年修订版）指出：2017年，全世界60岁及以上人口占比为13%，并以每年约3%的速度增长。各地老龄化程度也不断提高，其中，欧洲60岁及以上人口占比最高，为25%，2050年将达到35%；拉丁美洲和加勒比地区60岁及以上老年人口占比为12%，2050年将达到25%。同期，亚洲60岁及以上老年人口占比将从12%增长到24%；北美地区将从22%增长至28%；大洋洲将从17%增长至23%；即使拥有最年轻人口分布的非洲，60岁及以上老年人口占比也将从5%上升至9%。2017年，全世界80岁以上人口为1.37亿人，预计2050年将增加两倍多，达到4.11亿人；2100年，将增加近6倍，达到9.59亿人。

尽管人口老龄化现象在较发达国家迅速蔓延，但是，欠发达国家和地区将在未来较短的时期内经历更为快速的人口老龄化。

一　发展中国家的快速老龄化

联合国《世界人口展望》（2006 年修订版）中指出，人类"正处于一个前所未有的变革之中，这是由于高死亡率和高生育率时期，正向低死亡率和低生育率时期过渡所造成的"。正当发达国家的决策者们在积极应对儿童人口比重降低和寿命延长造成的新局面时，他们发现发展中国家的人口老龄化程度更令人惊讶。

2006 年，联合国公布的数据显示，世界 60 周岁及以上老年人口高于 10% 的 74 个国家中，发达国家有 32 个，发展中国家为 42 个（唐钧，2011a）。根据联合国《世界人口老龄化与发展 2012》[①] 的数据，2012 年，世界上有 90 个老龄化国家和地区，其中发达国家和地区[②] 为 40 个[③]，发展中国家和地区为 50 个。2017 年，全球的 99 个老龄化国家和地区中[④]，发达国家和地区为 40 个，发展中国家和地区为 59 个。可见，发展中国家的人口老龄化速度正在加快。正如《世界人口老龄化 2017》中所说，发展中国家和地区的老年人口增长速度远远快于发达国家和地区，发展中国家和地区的老年人口占世界老年人口的比例逐步提高（见图 1-1）。1980 年，发展中国家和地区 60 岁及以上老年人口占世界老年人口的 56%。2017 年，世界上 2/3 以上的老年人生活在发展中国家和地区。从 2017 年到 2050 年，发展中国家和地区的老年人口预计将增加近两倍，从 6.52 亿人增加到 17 亿人，而发达国家和地区的老年

[①] "Population Ageing and Development 2012"，United Nations，Department of Economic and Social Affairs，Population Division，www. unpopulation. org.

[②] 联合国开发计划署（UNDP）2010 年 11 月 4 日发布的《2010 年人文发展报告》对世界各国和地区的分组进行了重新修正，发达国家或地区的数量由 2009 年的 38 个，上升到 2010 年的 44 个，增加了 6 个。

[③] 包括 35 个发达国家和 5 个非国家经济体（中国香港、中国澳门、瓜德罗普岛、马提尼克岛和波多黎各）。

[④] 根据联合国《世界人口老龄化 2017》（World Population Ageing 2017）的相关数据，较 2012 年新增的老龄化国家和地区是：格林纳达、安提瓜和巴布达、秘鲁、摩洛哥、苏里南、厄瓜多尔、多米尼加、墨西哥、阿塞拜疆。

人口预计将增加约38%，从2017年的310万人增加到2050年的4.27亿人。预测表明，到2050年，世界上60岁及以上人口的79%将生活在发展中国家和地区。发展中国家60岁及以上人口占总人口的比例为9%，预计到2050年，这一比例将达到20%，届时沉重的养老负担将成为世界瞩目的问题。

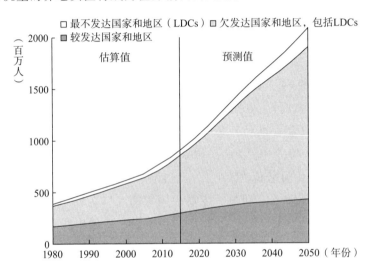

图 1 - 1　发达国家与发展中国家 60 岁及以上人口（1980 ~ 2050 年）

资料来源：《世界人口老龄化 2017》（*World Population Ageing 2017*）https://www.un.org/en/development/desa/population/publications/pdf/ageing/WPA2017_Infochart.pdf，最后访问日期：2019 年 4 月 4 日。

根据《世界人口老龄化 2017》中的数据，预计未来几十年，非洲老年人口数量增长最快，2017 ~ 2050 年，60 周岁及以上人口将增加两倍以上，从 690 万人增加到 2.26 亿人。紧随其后的是拉丁美洲和加勒比地区，老年人口将增加一倍以上，从 760 万人增加到 1.98 亿人。可见，发展中国家和地区的人口老龄化速度已经超过发达国家和地区。

发展中国家和地区的老龄化有别于发达国家和地区老龄化。首先，与发达国家和地区逐渐老龄化相比，发展中国家和地区的老龄化速度更快，规模更大，老龄化已成为发展中国家和地区面临的主要问题之一。其次，在人口结构上，由于发达国家和地区的工业化和城市化程度比发展中国家和地区高，发达国家和地区的老年人大多数生活在城镇地区，而发展中国家和地区的老年人多数生活在农村地区。联合国对人口结构的预测数据表明，到2025年，发达国家82%的人口将生活在城镇，而发展中国家生活在城镇的人口不到其人口的一半。① 加之近年来发展中国家和地区农村的青壮年劳动力不断向城市转移，按照目前的趋势，在今后一段时期内，农村人口老龄化的程度和速度将持续明显高于城镇。另外，发达国家和地区与发展中国家和地区老年人的居住形态也不尽相同，发展中国家和地区的老年人与家庭成员共同居住的现象较发达国家和地区更为普遍，这可能会影响各国和地区应对人口老龄化的政策行动。

总之，人口老龄化已不再是发达国家和地区的独有特征，发展中国家和地区也同样面临越来越严峻的人口老龄化问题，由此看来，作为发展中国家的中国，快速老龄化应该也是意料之中的事。

二　中国的快速老龄化

我国作为发展中国家，拥有世界20%的人口，自2000年我国进入老龄化社会以来，由于经济发展、人口变迁、医疗和生活水平提高等多种因素影响，我国的人口老龄化程度不断提高（见图1-2）。

如图1-2所示，2000~2017年，我国65岁及以上老年人口从8821万人增加到15831万人，老年人口的比重由7.0%升至11.4%。2017年末，我国60岁及以上人口为24090万人，占总人口的17.3%。近几年老年抚养比一直呈攀升趋势，从2007年的11.1%提高到2017年的15.9%（见图1-3）。据预测，老年抚养

---

① 《联合国第二次老龄问题世界大会的报告》，http://www.un.org/chinese/events/ageing/，最后访问日期：2019年4月1日。

比将随老龄化的加快而逐步提高。

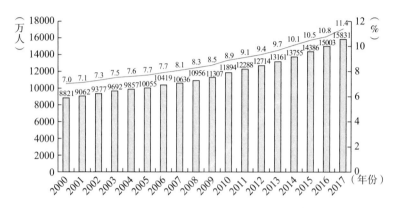

图 1 - 2　2000 ~ 2017 年我国老龄化趋势

资料来源：参见国家统计局网站，http://www.stats.gov.cn/tjsj/ndsj/2018/indexch.htm，最后访问日期：2019 年 4 月 4 日。

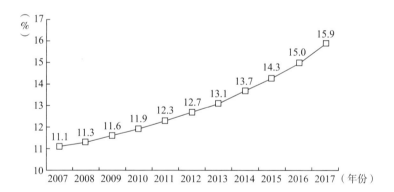

图 1 - 3　2007 ~ 2017 年老年人口（65 岁及以上）抚养比变动情况

资料来源：国家统计局编《中国统计年鉴 2018》，http://www.stats.gov.cn/tjsj/ndsj/2018/indexch.htm，最后访问日期：2019 年 4 月 4 日。

我国未来的老龄化发展趋势将经历几个不同的阶段。2006 年，全国老龄工作委员会办公室发布的《中国人口老龄化发展趋势预测研究报告》提到，21 世纪，中国将是一个无法逆转的老龄化国家。这份报告总结并预测了 2001 ~ 2100 年中国老龄化的三个阶段（见表 1 - 1）。

表 1-1 中国人口老龄化阶段划分

	2001~2020 年 （快速老龄化阶段）	2020~2050 年 （加速老龄化阶段）	2050~2100 年 （重度老龄化阶段）
老年人口总量（亿人）	2.48（2020 年）	4.34（2050 年）	3~4
新增老年人口（万人）	596	620	—
老龄化水平（%）	17.17	30	31
80 岁及以上老年人口（万人）	3067	9448	—
80 岁及以上老年人口占老年人口总量的比重（%）	12.37	21.77	25~30

资料来源：全国老龄工作委员会办公室：《中国人口老龄化发展趋势预测研究报告》，《中国社会报》2006 年 2 月 27 日。

如表 1-1 所示，2001~2100 年，我国将经历从快速老龄化到加速老龄化，最后进入稳定的重度老龄化阶段。在第二阶段中，老年人口总数将在 2023 年与少儿人口总数持平，达到 2.7 亿人。在第三阶段里，老年人口总数将在 2051 年时达到 4.37 亿人，这将是三个阶段中老年人口数的最高峰，届时老年人口数与少儿人口数之比是 2∶1。这一阶段是老年人口增长的平台期，老龄化水平呈稳定趋势，基本保持在 31%。由此可见，21 世纪，我国的人口老龄化程度将达到顶峰并趋于稳定，并且人口高龄化的趋势更为明显。而在我国农村，人口老龄化的形势更为严峻。

三 中国农村的快速老龄化

我国农村有全国近一半的人口。随着城镇化的加速，大量的年轻农民流入城镇，空巢老人和失独老人逐年增多，导致农村人口老龄化程度远远高于城镇。根据 2000 年第五次全国人口普查数据计算，城镇 60 岁以上的老年人口占城镇总人口的 9.68%，65 岁以上的老年人口占城镇总人口的 6.43%；农村 60 岁以上的老年人口占农村总人口的 10.92%，65 岁以上的老年人口占农村总人口的

7.5%。农村的老龄化水平已经开始高于城镇。2010 年第六次全国人口普查数据显示，全国 60 岁以上老年人口总数约 1.78 亿人，其中城镇老年人口约 0.78 亿，占全国老年人口的 44.08%，农村老年人口约 0.99 亿，占全国老年人口的 55.92%。城镇 60 岁以上老年人口比例为 11.69%，农村的这一比例为 14.98%；城镇 65 岁及以上的老年人口比例是 7.78%，而农村的这一比例为 10.01%。

对比两次人口普查的数据可以发现，农村老龄化程度高于城镇，农村老龄化的速度也快于城镇。据预测，到 2030 年，城镇和农村 65 岁及以上的老年人口比例将分别达到 14.75% 和 21.84%。这一比例差将由 2010 年的 2.23 个百分点上升到 7.09 个百分点（见图 1-4）。因此，我国经济社会发展水平较为落后的农村地区所面临的人口老龄化问题更为突出。

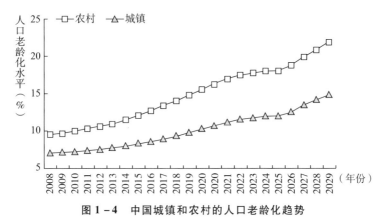

图 1-4　中国城镇和农村的人口老龄化趋势

资料来源：Cai Fang, Giles, Wang Dewen. 2009. *The China Population and Labor Yearbook Volume 1；The Approaching Lewis Turning Point and Its Policy Implications*，Boston：Brill，2009。

2010 年，我国农村老年抚养比是 22.75%，据预测，到 2022 年、2031 年，将分别达到 30.28%、40.72%；到 2050 年农村老年抚养比将高达 44.59%（庹国柱等，2009），而城镇农村老年抚养比约为 35.0%，农村高出城镇 9.59 个百分点（曾毅，2001）。借此推断，赡养一位老人的劳动年龄人口将由 2010 年的 4.4 个人变为 2050 年的 2.2 个人，随着农村人口老龄化程度的加深，农村的养老压力日渐增大。

农村人口老龄化的速度之快、程度之高不仅给老人和子女的生活增加巨大压力，还可能带来危害社会稳定的多重风险。农村养老保险制度在保障农村居民基本生活的基础上更要发挥社会稳定器的作用，既要确保农村居民物质上的安全感，又要化解影响经济和社会稳定的养老危机。

四　山东省和 S 市人口老龄化现状

山东是中国第二人口大省。根据《山东省 2010 年第六次全国人口普查主要数据公报》的数据，2010 年，山东省总人口 9579.3 万人，其中城镇人口 4762.1 万人，占总人口的 49.71%；农村人口 4817.2 万人，占总人口的 50.29%。2010 年 60 岁以上的老年人口 1413 万人，占全省总人口的 14.75%；65 岁以上老年人口占9.84%。2018 年 5 月，山东省政府新闻办召开的山东省老年人口信息和老龄事业发展情况新闻发布会提到，"截至 2017 年底，山东省 60 岁及以上老年人口达 2137.3 万人，65 岁及以上老年人口达 1399.8 万人。"[1] 山东省老年人口规模位居全国第一，全国大约十位老人中就有一位来自山东。60 岁以上老年人口数量每年增加70 万人以上，到 2020 年 65 岁以上老年人口总量将达到 1503.6 万人，占总人口的 15.0%，2030 年将达到 2125.5 万人，占总人口的21.3%。[2] 相比全国的人口老龄化水平，山东省的人口老龄化程度更令人担忧。

山东省老龄委在 2008 年首次就山东省老年人口基本情况大范

---

[1] 《山东省政府新闻办召开山东省老年人口信息和老龄事业发展情况新闻发布会》，http://www.cncaprc.gov.cn/contents/10/186792.html，最后访问日期：2019 年 4 月 4 日。

[2] 《山东人口老龄化问题严峻》，http://news.hexun.com/2012 - 02 - 23/138566203.html，最后访问日期：2019 年 4 月 1 日。

围地进行抽样调查，其调查成果《山东省 2008～2020 年人口老龄化状况及对策研究》① 显示，山东省人口老龄化自 2008 年起进入快速增长期，未来 10 年平均净增 72 万老年人，将在 2027 年结束人口红利期，比全国提前五年，这对经济社会发展提出了重大挑战。到 2020 年，山东省老年抚养比将由 2008 年的 20.86% 提高到69.19%，平均每 1.45 个劳动年龄人口抚养 1 个老年人。如果计划生育政策和增长趋势不变，老年抚养比将在 2030 年达到 77.04%，在 2050 年达到 108.72%。

山东省农村人口老龄化态势也极为严峻。据山东省老龄委的研究报告称，2008 年山东省农村老年人口有 794.07 万人，占农村总人口的 16.09%，老龄化程度高于城镇 3.97 个百分点。到 2020年，农村老年人口上升至 1316.18 万人，占农村总人口的 30.45%，比城镇高出 14.42 个百分点，年均增加 43.51 万人。到 2030 年农村老年人口比重将达到 43.30%，然后慢慢趋于稳定，到 2050 年时，这一比例将为 46.19%（见表 1-2）。

表 1-2　山东省农村和城镇人口老龄化趋势

	2008 年	2020 年	2030 年	2050 年
农村老年人口占农村人口比重（%）	16.09	30.45	43.30	46.19
城镇老年人口占城镇人口比重（%）	12.12	16.03	22.96	36.56
农村与城镇老龄化程度之比	1.33	1.90	1.89	1.26

资料来源：山东省老龄工作委员会办公室：《山东省 2008～2020 年人口老龄化状况及对策研究》，2009 年 12 月。

山东省 S 市民营企业、外资企业众多，商贸业发达，吸收大量农村青壮年劳动力进城务工。农村劳动力不断向城市转移，可以推断 S 市农村人口老龄化程度比城镇更高，农民的养老需求更为迫切。

---

① 山东省老龄工作委员会办公室：《山东省 2008～2020 年人口老龄化状况及对策研究》，济南：山东省老龄工作委员会办公室，2009 年 12 月。

第二节　人口流动加剧农村老龄化的压力

进入工业化社会以来，农村劳动力向城市转移是世界各国的普遍现象。农村劳动力转移推动了工业化和城市化的进程，但也由此引发了大量的社会问题，其中之一便是由于人口流动而加剧的农村人口老龄化问题。

"六普"资料显示，全国有流动人口①2.61亿人，其中有约2.26亿人流向城镇，约3497万人流向农村。除去市辖区内人户分离的3996万人，我国流动人口数约为2.21亿人，同"五普"数据相比，流动人口增长了81.03%。在流向城镇的人口中，户籍在城镇的约为5000万人，户籍在农村的约为1.7亿人。②

在流动人口中，劳动年龄人口③约有2.1亿人，约占80.46%，而在劳动年龄人口中，80后流动人口成为主体，约占总流动人口的42.8%。据预测，在未来30年里还将有3亿多农民流入城镇（财经网，2011）。党的十八大明确提出了"新型城镇化"的概念，2013年中央经济工作会议进一步把"加快城镇化建设速度"列为经济工作六大任务之一，新型城镇化已成为我国新时期的战略。中国社会科学院发布的《中国城市发展报告（2012）》显示，中国仍有2亿多农民需要转移到城镇就业和居住，再加上近年来已经进入城镇但还没有完全市民化的农民，未来全国将有4亿至5亿农民需要在就业、住房、社会保障、生活和消费方式等方面全面实现市民化。

在国家政策推动下，农民工市民化成为新型城镇化的主要内容，从而会加快人口从农村向城市转移的速度。农村劳动力不断

---

① 31个省、自治区、直辖市的人口中，居住地与户口登记地所在的乡镇街道不一致且离开户口登记地半年以上的人口。

② 《2011年度中国老龄事业发展统计公报》，http://www.cncaprc.gov.cn/contents/37/21348.html，最后访问日期：2012年10月6日。

③ 劳动年龄人口是指男16~60周岁、女16~55周岁的人。

向城市大规模转移，使人口老龄化的程度加深，并深刻影响着农村的家庭结构、养老方式和养老观念的变迁。

一 家庭规模和结构逐渐变化

长期以来，计划生育政策导致的出生率大幅度下降，以及农村劳动力不断地向城市转移，使农村的家庭结构趋于集中化、小型化。"六普"数据显示，2010年我国农村家庭平均一户有3.6人，比"五普"时每户3.88人减少0.28人。同时，一人户和二人户所占比例明显提高，三人及以上户所占比例降低（见图1-5）。一代户和二代户所占比例变动较大，2010年我国农村一代户占总家庭户的比例比2000年上升了11.56个百分点，与此同时，二代户所占比例比2000年下降了12.18个百分点（见表1-3）。

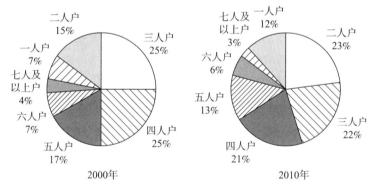

图1-5 2000年与2010年我国农村家庭户规模比较

资料来源：《中国统计年鉴2001》，http：//www.stats.gov.cn/tjsj/ndsj/2001c/mulu_d.htm，最后访问日期：2019年4月5日。

表1-3 2000年与2010年我国农村家庭户类别构成比较

单位：%

年份	一代户	二代户	三代户	四代户
2000	18.21	59.72	21.13	0.94
2010	29.77	47.54	21.68	1.01

资料来源：《中国统计年鉴2011》，http：//www.stats.gov.cn/tjsj/ndsj/2011/index-ch.htm，最后访问日期：2019年4月5日。

　　造成这些现象的原因主要是农村大规模的青壮年劳动力向城镇流动，常年在外地居住、工作、生活，导致两代人不能居住在一起，空巢老人逐年增加。2000～2010 年农村空巢老人的比例由37.9% 上升至 45.6%，增幅相当明显。其中，农村独居老年人的比例从 8.3% 上升到 10.6%，而城镇的这一比例由 7.4% 上升到 8.6%；农村仅夫妻同住老年人的比例从 29.6% 上升到 35.0%。[①] 山东省 80 岁以上高龄老人 182 万人，占老年人口的一成多，空巢老人家庭占老年人家庭总数的 41.23%，空巢老年人数占老年人总数的 34.48%。[②]

　　随着越来越多的青壮年劳动力涌入城镇，子女不能在父母身边进行生活照料和精神慰藉，长时期的空间距离使父母与子女的情感趋于疏离，传统的父母与子女共同生产生活、互相依靠的生活方式已渐渐消失。积极为农村老年人创造良好的养老保障环境将是我国社会和经济转型过程中不容忽视的责任。

二　传统养老方式弱化

　　我国自古就有"天下孝为先"的传统美德，对父母的生活照料和精神慰藉是子女义不容辞的责任和义务。孝文化以"哺育"和"反哺"、"孝道"与"承继"构成了一个个人、家庭和家族在"赡养和被赡养"行为上的闭合系统。"要尽孝，子女就必须父母在，不远游，承欢膝下。"（唐均，2009b）而如今随着市场经济的建立，传统的以农耕经济为基础的"孝文化"也受到一定影响。人口流动是市场经济制度下人力资源有效配置的必然结果，子女不再被束缚在土地上，涌入城镇和其他地区，与父母在时间和空间上形成隔离的关系。即使子女定期回家探望父母，在经济上赡养父母，但是老人生活照料和精神慰藉的需求也长期得不到满足。

---

①　《2011 年度中国老龄事业发展统计公报》，http://www.cncaprc.gov.cn/contents/37/21348.html，最后访问日期：2012 年 10 月 6 日。

②　山东省老龄工作委员会办公室：《山东省 2008～2020 年人口老龄化状况及对策研究》，济南：山东省老龄工作委员会办公室，2009 年 12 月。

农民收入水平及享受的公共服务状况也制约了家庭养老保障的能力。同时，由于青壮年劳动力的大量外流和土地流转政策的束缚，依靠土地带来的收入已不能满足农民的养老需求。总之，传统的家庭保障和土地保障功能逐渐弱化，需要社会化的养老保障弥补现代化进程中传统养老保障功能的缺失。

三 养老观念发生转变

改革开放以来，在我国经济转轨和社会转型的进程中，农村家庭的养老观念逐渐转变。在过去相对闭塞的时代，老年人因丰富的阅历和社会经验拥有较高的权威和地位，言行举止备受尊敬和重视。随着时代的变迁，人口流动促使宗族、规范等传统约束手段逐步失灵，在现代文明的冲击下，农村老年人的家庭和社会地位面临挑战。一方面，青年人流动性更强，接触到较多的信息资源和不同的地域文化，个体意识更为强烈，在现代快节奏高压力的生活中对老年人的关注度下降。由于生活习惯的影响，青年人更倾向于独立门户，养老意识明显消退。另一方面，农村老人在能够独立的前提下不愿给生活忙碌的子女增添麻烦，为避免生活中的冲突和矛盾，在身体条件允许的情况下更愿意自己住。如果子女因经济原因或地域限制而不能提供老人养老所需，老人也只能被迫接受。

在农村劳动力不断向城市转移的背景下，农村的年轻农民也并不指望子女为自己养老，他们对子女的赡养能力和赡养期望有一定的担忧。因此，农民对社会养老的需求越来越迫切。

综上所述，"我国农村人口老龄化所带来的危机，主要源于两个方面：一是社会变迁的自然进程，二是人口流动所造成的劳动年龄人口与老年人口数量的机械变动"（唐均，2009）。人口的自然变动和机械变动致使农民对农村社会养老保险的建立和完善有急切的现实需求。正因如此，农村社会养老保险制度的发展引起学者们的关注和研究。

　　我国的农村社会养老保险制度的建立和发展大致经历了两个阶段：第一阶段是由民政部主导的农村社会养老保险制度（以下简称"老农保"）的建立和停滞阶段；第二阶段是由中央政府制定，地方各级人力资源和社会保障部门组织实施的新型农村社会养老保险制度（以下简称"新农保"）。

　　老农保制度正式建立于 20 世纪 90 年代，结合各地农村养老保险的实践经验，1992 年 1 月，民政部印发《县级农村社会养老保险基本方案（试行）》，标志着老农保制度的实行。老农保制度"以个人缴纳为主，集体补助为辅，国家给予政策扶持"为原则，实行个人账户完全储备积累制，参保者到 60 周岁以后开始领取养老金。在政府的强制推动下，到 1998 年底，全国有 2123 个县，65% 的乡镇开展了老农保工作，投保人数达到 8025 万人，参保率达 22.8%。由于老农保制度本身存在缺陷，实际运行中出现诸多问题。1999 年 7 月，国务院下发的《国务院批转整顿保险业工作小组保险业整顿与改革方案的通知》提出，老农保暂停接收新业务，进行清理整顿。随后，各地老农保工作基本处于停滞状态，参保人数逐年减少。到 2006 年底，老农保的参保人数下降到的 5374 万人，参保率下降到 16.5%。

　　21 世纪之初，面对农村社会养老保险制度的缺失和农民对这项制度的迫切需求，2002 年，党的十六大报告指出："有条件的地区，探索建立农村养老、医疗保险和最低生活保障制度。"以此为起点，各地区对农村社会养老保险制度进行了有益的探索，形成了具有地方特色的多种制度模式，如北京模式、宝鸡模式、苏州模式等，为新农保制度的诞生奠定了实践性基础。

　　此后，中央对建立新农保制度的认识逐渐深化，良好的政策环境为新农保的顺利开展奠定了政策基础。2009 年 9 月 1 日，国务院颁布并实施了《关于开展新型农村社会养老保险试点的指导意见》（以下简称《指导意见》），决定以"保基本、广覆盖、有弹性、可持续"为基本原则，在全国 10% 的县市区进行新农保试点，建立起个人缴费、集体补助与政府补贴相结合、基础养老金与个人账户相结合的新农保制度，之后每年逐步扩大试点。以此为标志，各地"新农保"试点工作全面启动。2010年的《政府工作报告》指出："加快完善覆盖城乡居民的社会保障体系。扎实推进新型农村社会养老保险试点，试点范围扩大到23%的县。"2011年的《政府工作报告》提出："加快健全覆盖城乡居民的社会保障体系。将新型农村社会养老保险试点范围扩大到全国40%的县。"2012年的《政府工作报告》则提出"加快完善社会保障体系，今年年底前实现新型农村社会养老保险'制度全覆盖'"。2012年十八大报告再次提出："要坚持全覆盖、保基本、多层次、可持续方针，以增强公平性、适应流动性、保证可持续性为重点，全面建成覆盖城乡居民的社会保障体系。"

通过中央的政策推动和地方的积极实践，新农保制度在2012年实现了全覆盖，制度运行较为顺利。截至2011年底，全国有2273个县实施了新农保，新农保参保人数达21100.28万人①，中央财政对新农保的补助金额由2009年的10.76亿元增加到2011年的352.06亿元，增长了31.72倍。

按照人力资源和社会保障部要求，截至2013年，全国约半数省份将新农保与城镇居民社会养老保险合并，称为城乡居民社会养老保险，即不再区分城市户籍和农村户籍，只要没有参加城镇职工养老保险，符合参保条件的就可以参加城乡居民养老保险，符合领取条件就可以领取城乡居民养老保险待遇，而且两种户籍缴费、领取待遇的条件和规则相同。各省也同时规定了两种制度的衔接问题。

纵观农村社会养老保险制度的发展历程，其大致经历了老农保制度的诞生、发展和停滞，新农保制度的探索、建立和逐步完

---

① 《新型农村社保、城镇居民社保和城乡居民社保基金审计情况》，http://finance.people.com.cn/n/2012/0802/c1004 - 18655191.html，最后访问日期：2019年3月15日。

善的过程。在此期间，国内外学者对农村社会养老保险制度的发展和改革的各个方面进行了调查和研究，为制度的全面有效运行提供了理论和实践依据。

第三节　有关农村社会养老保险制度的研究

前文从人口老龄化、农村劳动力不断向城市转移两个方面对农村社会养老保险制度运行的背景进行了详细的描述，并简要回顾了农村社会养老保险制度的发展历程。下文将针对研究问题对农村养老保险制度变迁过程中中央政府、地方政府和农民的多元互动关系进行梳理和分析，并试图发掘制度运行中存在的问题。在此之前，首先对国内外有关农村社会养老保险制度的研究成果进行梳理。相关研究成果的梳理有助于明确学术领域其他学者对农村社会养老保险制度的评论和看法，进一步发现已有文献中存在的不足和可以改进的方面，从而使研究问题更加清晰和明确，对研究方法的选择也有一定帮助。

一　国内的相关研究

国内学术界在早期的研究中大量讨论了农村社会养老保险制度建立的必要性、可行性，还有很多学者从微观层面就农民对农村社会养老保险的需求状况做了大量调查研究和定量分析，以上的研究对农村社会养老保险制度的变迁和发展提供了扎实的理论基础和实践基础。由于以上几方面的研究已相对成熟，而且多数为早期的学术成果，在此笔者将不再赘述。下文将从以下与本研究相关的几方面来回顾近几年来国内学者对农村社会养老保险的研究和观点。

（一）建立农村社会养老保险制度的重要性

由于我国长期的城乡二元结构，农村社会养老保险的建立和发展一直滞后于城镇。学者们普遍认为农村社会养老保险制度有其建立的必要性和可行性，特别是新型农村社会养老保险制度的实施，是我国农村社会保险制度的跨越式发展，在建立城乡统筹的社会保险制度的进程中具有里程碑意义。

杨燕绥、赵建国、韩军平（2004：32~50）认为，农村社会养老保险不是专为富裕农民提供的保障，而是为全体农民摆脱贫困而提供的公共政策之一。由于土地和家庭保障功能正在弱化、农村人口快速老龄化、失地农民养老保障亟待解决和城乡收入水平差距大等，农村社会养老保险制度的建立和完善刻不容缓。他们通过国际比较的方法，提出我国目前的经济发展水平已不再是制约农村社会养老保险财政负担的因素，指出农村社会养老保险制度不仅可以使农民过上更加富裕的生活，使农村老年人以更好的心态面对子女、家庭和社会，而且是农村经济发展和社会长治久安的重要手段。

林义（2009：15~16）认为，新型农村社会养老保险制度的建立在我国的社会保障史上具有里程碑意义：新农保制度缓解了人口老龄化所带来的农村养老问题；可以拉动内需，从而有效应对金融危机；提升了农村劳动力的人力资本价值；是我国建设统筹城乡的养老保险制度的一个重大举措。

郑功成（2011b）认为相对于20世纪八九十年代曾经试验过的完全由个人负责的农村居民养老保险，新型农村社会养老保险制度是一种新型农民养老保险制度，其实质在于政府为农民建立退休制度并承担起相应的直接责任，包括为达到退休年龄的农民提供基础养老金，并分担参保农民的缴费责任。它不仅使世世代代依靠子女养老的农村居民具有了历史上从未有过的退休资格及相应待遇，也是我国迈向全民养老保险的关键性一步，从而具有划时代意义。

席恒认为，新农保在制度设计、规定和功能等方面都体现了人性化、科学化的特点。将家庭养老与社会养老有效结合，体现"为民"；政府对个人账户和基础养老金的补贴体现了"惠民"；新农保填补了长期以来农村社会养老的空白，体现了"利民"。[①]

卢海元（2009：3）认为，新农保制度全面走向实践，标志着中国特色新型农村社会养老保险制度已基本破解了覆盖 8 亿农民、进而覆盖全体城乡居民的世界性难题。新农保制度的意义不局限于中国，这项制度对所有第三世界国家甚至全世界的养老保险制度的完善和发展，都有着不可估量的历史影响。

唐钧（2009c：13）认为，新农保制度中，中央政府和地方政府为农村 60 岁及以上的老年人承担全覆盖的基础养老金，具有明显的福利性，这是一个前所未有的跨越式的进步，对我国走向"全面小康""和谐社会"有着重大的现实意义。

（二）农村社会养老保险制度的合理性

1. 政府财政投入的合理性

学者们一方面认为政府应当为农村社会养老保险提供相应的财力支持，但是对政府财政投入水平有不同的观点和论证。

郑功成（2002b）提出，各国强调政府责任的结果是要建立政府主导的社会保障制度，应体现其社会化。因此社会保障制度的设计、实施和财政兜底是政府义不容辞的责任，并且为适应经济和社会的发展，政府应适时调整各项制度的项目和水平。

梁鸿（2008）在对我国发达地区、欠发达地区农村社会养老保险制度分析的基础上提出了"国民个人储蓄养老账户＋中央公积金养老计划"的养老模式，认为农村的老年人应当享有政府提供的普惠制养老金。

徐强、王延中（2012：41～49）以农民基本生存、生活需求为下限，以农民的收入水平和政府财政负担能力为上限，用数理统计的方法分别计算出政府对东部、中部、西部地区补助水平的

[①] 《席恒：新农保实现好收益的关键在于服务供给》，http://society. people. com. cn/GB/168256/17391181. html，最后访问日期：2019 年 4 月 1 日。

适度区间，并对个人缴费的适度区间和地方财政的补助比例进行了测算。他们建议政府补贴基础养老金额度为每月 130 元，其中，东部地区由中央和地方财政共同补贴，中西部地区由中央财政补贴。对个人账户的补贴，东部地区、中部地区和西部地区的补贴标准分别为个人缴费额度的 90%、30% 和 10%，以适应和满足不同经济发展水平地区农民的不同需求。

华黎、郑小明（2010）建议不再实行中央财政出口补、地方政府入口补的政策，应由中央政府按照全国农村居民人均纯收入的 15%、地方政府按照本地农村居民人均纯收入的 5% 进行出口补贴，这两部分构成基础养老金；对中西部地方政府财政负担较重的地区，中央财政实行专项转移支付。

米红、项洁雯（2008）认为政府以每人每年 1020.5 元的标准发放养老金，按照 2.5% 的利率增长率，到 2015 年我国新农保的财政补贴总额为 937.62 亿元，到 2030 年这一数额为 5541.34 亿元，在财政能够负担的范围内。

另外，在农村社会养老保险制度建立的前期，有的学者认为政府的财政能力不足以对农村社会养老保险提供补贴。马利敏（1999）认为鉴于我国农村人口过多和城乡二元结构的特点，我国政府没有足够的财政资金为农村社会养老保险提供补贴，在实践上也没有能力制定相应的制度。杨翠迎、庹国柱（1999）认为要为我国农民建立政府补贴的养老保险在 1999 年时是不可能的，至少要 15 ~ 20 年后政府才有能力。梁鸿（1999）认为我国的政府财政资金有限，城市是经济改革的中心，不能不给予财政支持；同时福利国家的财政危机对我们也是一个警醒，因此我国当时不能建立覆盖全民的社会养老保险制度，农村社会养老保险制度只能以局部地区的社区保障代替。

对于新农保激励机制的效果，多数学者认为新农保的政府入口补能够激励农民积极参保缴费。杨翠迎认为，如果地方财政不实行梯度型财政补贴，农民将更愿意参加 100 元的缴费档次，以获得相对较高的地方财政补贴。① 这样不利于参保居民选择较高档次的缴费，最终会影响养老金的待遇水平。梁鸿（2001）在对苏南农村社会养老保险进行研究的基础上，提出社会养老保险面临较大的风险和难以克服的技术性障碍，使人们对农村社会养老保险制度的稳定性、长久性、安全性和可靠性产生疑虑，因此，农村社会养老保险的财政支持可以消除农民的疑虑，增强农民对社会养老保险安全性的信赖，使农村社会养老保险制度建立在稳定、长久、安全、可靠的基础上，以此提高农民的参与率。

2. "捆绑制"的合理性

新农保制度规定，60 岁及以上老年人可直接享受养老金，但其符合条件的子女应参保缴费，因此这项规定又叫作"捆绑式"缴费。学者们对这一机制进行了较多的讨论，形成了几种观点。一种观点认为应始终坚持捆绑政策，因为这是社会保障制度强调权利与义务相对应的体现，是中国特色社会保障制度的创新。另一种观点认为应取消捆绑政策，因为这种做法剥夺了农民享受养老金的本有权利。另外，还有观点认为，以上两种观点都不否认捆绑政策执行成本高而导致一些老年人不能享受养老金的问题。这也是一些学者提出应该把新农保的"自愿参保"改为"强制参保"的原因。

郑功成（2011a）认为，捆绑制的初衷是好的，体现了制度中责任和义务的对等。但是如果是为了片面地追求参保率而让捆绑制存在，就会扭曲新农保制度的发展方向。在农村已经有子女不参保而导致老年人无法领取养老金的情况发生，老人很无奈，却无法争取自己本该有的利益。他认为这种损害农民享受养老福利的短视规定应该立刻停止。

李珍（2011）认为，新农保制度是以自愿参与为基础的制度，

---

① 《杨翠迎：新型农村社会养老保险试点应注意的问题及政策建议》，http://society. people. com. cn/GB/11084783. html，最后访问日期：2019 年 4 月 1 日。

而捆绑式参保的规定违背了自愿性原则，在理论上，子女参加新农保带有条件性和目的性；在实践上，新农保制度的受欢迎程度大大降低。

崔红志（2012：51～54）认为，要使普惠制的新农保制度落到实处就必须取消捆绑政策，原因是：家庭保障功能的弱化是新农保产生的内在基础；农民享受养老金的权利是一种不附加任何条件的绝对权利；捆绑政策执行成本过高，效果不一定好；捆绑政策将子女也极度贫困的老年人和儿女不孝的老年人排除在制度之外，引起新的社会不公；放弃捆绑政策有利于增加新农保受欢迎的程度，也有利于还地方政府和干部清白；等等。

邓大松、薛惠元（2010：164～171）认为应强化家庭保障和土地保障的功能，新农保制度规定年满60周岁且没有参加城镇职工基本养老保险的老年人可以不用缴费，直接领取基础养老金，只要求其子女按规定参加新农保。这一捆绑规定正体现了家庭保障的重要性，是子女赡养老人的指向性规定。这个规定是正确的并应该继续倡导和坚持。

（三）新型农村社会养老保险制度基金管理运营

国务院新农保试点《指导意见》中指出，"试点阶段，新农保基金暂实行县级管理，随着试点扩大和推开，逐步提高管理层次；有条件的地方也可直接实行省级管理"。在新农保制度运行过程中，个人账户中的基金贬值风险主要由农民承担，基金是否能够保值增值直接决定了农民的收益，从而影响农民的参保意愿，制度的可持续性也受到质疑。目前学术界关于新农保基金管理运营问题存在两种观点：一种是认为应提高基金统筹层次，向有稳定收益的项目投资等；另一种提出由商业保险公司接管新农保基金，将基金投资于收益稳定的项目，从而使商业保险公司发挥其优势并降低成本，但持这种观点的学者不多。

桂世勋（2012：3）认为，如果新型农村社会养老保险基金不能合理投资运营，个人账户增值利率如果小于居民消费价格指数，或者在一定程度上抵消了政府对个人的补贴资金，新农保基金将面临贬值风险，会使制度的持续性和可信度下降，农民参保的意愿也将受到影响。建议新型农村社会养老保险基金单独列支、核算，去除两个月的支付额，其余的基金结余委托省级的社会保险机构管理，不能与其他形式的养老保险基金混合挤占，按照国家统一的规定进行投资和运营，在最大程度上保证基金的安全性。

何文炯等（2001）认为有多种渠道能使农村社会养老保险个人账户基金保值增值。例如，中央政府可以发行针对新农保基金的优惠债券，或者专门为新农保基金制定较高的银行利率。此外，可以将部分基金投入经政府批准的投资风险小、收益率高的大型基础设施建设项目，以求得稳定的高回报率。农村社会养老保险基金的管理和监督更要引起重视，完善外部审查、监管制度，防止基金被贪污挪用，确保基金的安全性。在适当时期由新农保经办机构向同级人民代表大会或常务委员会汇报基金的管理和运营状况，并接受外部监督和审查。

唐钧（2009d：26～27）认为，新农保规定："个人账户储存额参考中国人民银行公布的金融机构人民币一年期存款利率计息。"而近年来我国农村居民消费价格指数已经远远高于银行一年期的存款利率。据测算，年利率平均超过4.8%时，个人账户养老金才能做到保值增值。新农保基金的保值增值直接关系到制度的吸引力和持续性，因此基金的管理运营尤为重要。国家可以让养老保险基金投入有稳定收益的项目中；征收国有企业、国有土地运营收益的特别税，将这部分资金直接拨入社会保险基金（唐钧，2011a：17）。另外，新疆呼图壁县对参加新农保的农民实行"保险证质押贷款"政策，7年间使基金规模翻了一番，这个做法既能使基金保值增值，又能切实为农民所需提供资金支持，受委托贷款的银行也能够盈利，为基金的管理运营问题探索出一条新道路（唐钧，2009：14）。

邓大松、薛惠元（2010：86～92）用保险精算的方法对新农保养老金替代率进行了测算，结果表明，选择农民人均纯收入作为缴费基数，实行比例费率制是更优的选择。新农保制度实行之初，以县为单位组织实施，新农保基金被分割到2800多个县，会对基金运营的监督和管理提出挑战。随着制度的逐渐成熟，新农保应实现省级统筹，并可以参考企业职工基本养老保险个人账户基金的运营方式，投资于资本市场以实现基金的保值增值。

郑功成（2011）建议新农保个人账户采取名义账户的方式计提。因为采用实账制，个人账户中的基金将面临贬值的风险，农民的养老金将受到损失。采取名义账户制能有效避免这种情况发生，只要按照个人账户的记账金额在农民达到一定年龄或身份变化时计提即可，不再有基金保值增值的压力。在农民的权益得到保障的同时减轻了政府的财政负担，体现了代际的平衡。

（四）城乡社会养老保险制度衔接

学者们普遍认为，新农保制度要可持续发展，就不能孤立运行，必须与其他城乡养老保险制度统筹接续、有效衔接，创造一切条件为建立城乡一体的养老保险制度而努力。有的学者认为由于各地的新农保政策规定和实施效果不一，因此新农保与其他制度进行地方性的衔接将更为有效。

褚福灵（2009：22~23）认为，不应将新农保看作一个孤立的制度。它应当统一于城乡养老保险制度，是这个大系统中的一个子系统。他建议新型农村社会养老保险制度以"一卡通"加"两翼"为实现机制，即在土地流转制和户籍制改革的配合下，以全国联网通行的"养老保险一卡通"的形式，实现从城乡割据到城乡统筹的养老保险新机制。

邓大松、刘远风（2011：71~77）对新农保制度的现实问题进行了规范化分析，认为新农保制度实施的过程中要正确处理好与其他农村养老保险制度的关系，并有效地与其他制度相衔接整合，只有这样，新农保才能有更加明确的发展路径。在制度整合过程中要按照几个原则进行权衡与协调：养老利益原则、行政简化原则、适应性原则、城乡统筹原则以及有效激励原则。新农保制度的普惠性和较完整的体系框架优于其他各项农村养老保障制度，可以作为农村养老保障的核心制度，通过对缴费水平和待遇标准作相应调整，把其他个别群体的相关保障和补贴等纳入新农保的整体框架，为消除农村养老保险制度碎片化做出贡献。

曹信邦（2012：19）根据实证研究的结果认为，农村社会养老保险制度与城镇职工养老保险制度并轨是制度发展的必然趋势，并建议国家尽早研究并制定城乡一体化制度方案，使制度统一可行。

丁建定、郭林（2010）认为，新农保制度是农村养老保险体系中的一个子系统，只有协调好与其他相关制度的关系，才能节约成本，有效发展。[1] 如果"五保户"农民在领取待遇的同时又享受直接领取新农保基础养老金待遇，会因待遇偏高而影响社会保障的公平性，因此需要整合这两项制度。计划生育家庭的奖励制度也应被纳入新农保制度，以保证计划生育家庭与非计划生育家庭的老年生活水平持平。为有效维护返乡农民工的养老权益，应尽快出台农民工参加新农保的接续政策，推进城乡养老保险一体化进程。

杨翠迎认为，"地方新农保"模式特色鲜明，各地政策规定差异较大，新农保的实施效果有区域差别，因此不易形成"国家新农保"。[2] 与城镇职工基本养老保险相衔接也面临困难：基础养老金的承担者、缴费标准、待遇标准等计算方法不统一，衔接成本较大，有待于进一步思考。

二 国外的相关研究

国外的农村社会养老保险始于 20 世纪 50 年代的欧洲大陆，随

---

[1] 《丁建定：我国新型农村社会养老保险制度实施中应注意的几个问题》，http://society. people. com. cn/GB/11069601. html，最后访问日期：2019 年 4 月 11 日。
[2] 《杨翠迎：新型农村社会养老保险试点应注意的问题及政策建议》，http://society. people. com. cn/GB/11084783. html，最后访问日期：2019 年 4 月 11 日。

后向其他国家蔓延。因为发达国家的农村人口比重较低，所以大多数国家并没有独立的农村社会养老保险体系，而是城乡混合的社会保障制度。发展中国家的农村社会养老保险制度滞后于发达国家，发展缓慢且不完善。因此，国外专门对农村社会养老保险的研究并不多见，针对我国农村社会养老保险的研究更是寥寥无几。下文中笔者将从下几个方面回顾国外学者的研究成果：农村养老保险的政府责任、养老保险筹资模式及运行机制、养老保险个人账户投资与管理，以及国外学者对我国农村养老保险的研究。

（一）关于农村社会养老保险政府责任的研究

国外大多数学者认为政府在农村社会养老保险中应当承担相应的责任，投入适当的资金。乔纳森·格鲁伯和大卫·怀斯（Gruber & Wise，1999：114）认为，从公平理论看，城镇和乡村的居民应享受同等的养老保险待遇，应该建立全民统一的养老保险体系，而这一体系的建立是国家和政府的责任所在。杜丽·波塞尔和丹妮拉·卡萨莱（Posel & Casale，2003：455）认为，农村居民养老保险和城镇职工养老保险应在国家统一的制度框架下，并在缴费、给付水平和基金管理上的设计和运营，国家财政应当予以补贴。彼得·斯文森（Swenson，1991）指出，政府有多种理由向农民提供包括养老金在内的社会福利，如纠正市场失灵、有效控制社会。彼得·戴蒙德（Diamond，1998）认为，政府应供给养老保障体系，原因是在规定统一的退休年龄的养老保险中，政府比私人更能够实现规模经济而减少管理成本，从而使养老保险的实施更有效率。

在发展中国家政府缴费补贴方面，杰西卡·约翰逊和约翰·威廉姆森（Johnso & Williamson，2006）认为，发展中国家受人口老龄化和计划生育的影响，农村居民对养老保险的需求日益增大，用数理模型分析建立城乡一体社会养老保险的可及性，阐述了政府对农村社会养老保险提供资金的合理性。拉里·威尔莫（Willmore，2007）认为养老保险应该覆盖全民，而政府特别是发展中国家的政府应当提高中央财政投入比例，完善和发展养老保险制度；倡导实施将社会保障覆盖到所有社会成员的全球行动纲领，鼓励发展中国家扩大政府财政支出，深化农村养老保障改革；在农民中开展养老保险非常困难，但在中等收入特别是低收入国家，有必要促进微型保险方案将非正规经济中某些有缴费能力的群体吸纳进来（转引自崔红志，2012）。

（二）关于养老金筹资模式运行机制的讨论

各国学者对现收现付和基金积累两种筹资模式优劣的争论是建立在萨缪尔森迭代模型（Samuelson overlapping generation model）的基础上的。保罗·萨缪尔森（Samuelson，1958）认为，在没有生产和投资的纯储蓄的社会里，当这代人能够为上代人做出贡献，同时下代人会赡养这代人时，社会中的所有人都会有福利产生，人们的养老储蓄利率将与人口增长率持平，现收现付的养老保险制度即可实现。亨利·艾伦（Aaron，1966）将生产和投资引入迭代模型，结合帕累托效率的相关标准，指出现收现付制能够增进所有社会成员福利的前提条件是人口增长率与工资增长率的和大于实际利率。后来这被称作"艾伦条件"（Aaron Condition），并由此判断养老保险筹资模式的效率。艾伦认为基金积累制不能增进社会福利，不具备再分配效应。艾伦和罗伯特·赖肖尔（Reis-chauer，1998）认为现收现付制能够更加灵活地应对人口规模的变化，还能实现代内的收入再分配，相比之下，积累制要应对以上挑战必须有诸多复杂的前提条件。

但是随着研究的深入和实践的检验，现收现付制的弊端逐渐显现：无法应对人口老龄化的到来，储蓄和经济发展有效率损失等。马丁·费尔德斯坦（Feldstein，1974）提出现收现付制具有两种效应，即"资产替代效应"（挤出储蓄）和"退休效应"（挤入储蓄）。前者是指当个人预期公共养老金的收益较好，可以满足未来的养老需求时，会减少储蓄；后者是指当个人预期未来公共养老金将面临资金危机，无法提供足够的养老保障时，人们会选择增加储蓄以备后患。因此，储蓄流入和流出的净效应是两者的力量对比。通过对美国的实际分析，马丁·费尔德斯坦发现现收现付的养老保险使个人储蓄值下降 30% ~ 60%，对个人储蓄存在"挤出"效应。罗伯特·巴罗（Barro，1976）的"中性理论"认为，现收现付制是代际间的转移，抵消了"挤出"效应。乔治·考皮兹和帕德玛·高特尔（Kopits & Gotur，1979）、伯恩海姆·道格拉斯（Bernheim B. Douglas）和约翰·卡尔·肖尔茨（Scholz，1993）、史蒂芬·斯莱特（Slate，1994）也认为现收现付的养老金制度对储蓄没有太大影响。

世界银行（1994）指出，基金制能够有效避免实行现收现付制国家的政府功能失效的问题，在规避世界性的老龄化危机方面也有明显优势，但前提是有良好的资金运营市场。克劳斯·施密特·赫伯尔（Hebbel，1999）通过对智利养老金保险私有化改革的实践分析，认为私有化改革有效解决了现收现付制下的政府财政问题，对缓解养老危机、促进经济高速发展有着显著作用。

尼古拉斯·巴尔（Barr，2000）对基金制的优点持怀疑态度，他认为，只有在良好的投资运营、避免通货膨胀造成贬值的前提下，基金制才能抵挡人口老龄化的压力，否则通货膨胀造成的基金贬值同样会使老人陷入贫困状态。还有学者认为，基金制的养老保险并不必然导致社会净收益，只有将现收现付制转变为多支柱的养老保险体系时，才能增加国民储蓄，从而促进经济发展。总之，关于现收现付和基金积累两种筹资模式的优劣问题，各国学者并未达成共识，农村养老保险个人账户的基金管理也成为学界讨论的焦点问题。

（三）关于养老保险个人账户的研究

1. 关于政府对个人账户缴费补贴的问题

政府对农村社会养老保险进行配套补贴是一个历史性的重大转变，体现了中央政府对农民老年生活的关注，意识到政府补贴对农民的重要性。这一制度趋向在许多经合组织国家或中等收入国家都有涉及，多数学者都支持政府为农民的养老保障提供缴费补贴。

发展中国家的非缴费型社会养老保险制度在很大程度上可帮助国民改善生活，摆脱生存困境。杰西卡·约翰逊和约翰·威廉姆森（Johnso & Williamson，2006）对萨摩亚等六个发展中国家的非缴费型社会养老保险进行了研究，Madhurantika Moulick 等（2009）对尼泊尔的非缴费型社会养老保险进行了研究。他们的研究结果都表明，尽管这一制度存在一些不足和需要改进之处，但是其对发展中国家老年人的生活提供了很大的帮助，有效地解决了老年贫困问题，且政府对老年人的补贴费用还没超过 GDP 的 3%。这种制度模式也得到了国际劳工组织、世界银行和国际社会保障协会的肯定，学者们通过对相应国家和地区的实地考察就非缴费养老保险制度的内容、条件、效果和改革方向等方面做了大量研究。

关于 MDC（供缴费补贴的缴费确定型养老保险制度）的政府补贴比例，学者们认为配套补贴比例的适当性取决于多种因素，例如参保率、需求量、其他政府转移支付制度与养老保险缴费补贴的关系。考虑到公平性、政府财政能力和补贴的激励效果，选择合适的补贴比例是制度持续有效运行的关键所在。罗伯特·帕拉西奥斯和戴维·罗瓦利诺（Palacios & Robalino，2009）经过对数据的处理，认为只有符合两个条件，MDC 才能经济有效的这两个条件：一是参保率对补贴比例的弹性低于 0.15，二是个人缴费低于收入的 5%。只有在这两个数据不过高或过低的情况下，这一制度才能带来净福利。这一结论为补贴比例对年轻人缴费激励程度的影响提出了可供参考的依据。

2. 关于个人账户投资与运营的建议

在养老保险个人账户基金运营方面，一部分学者建议基金入市，以得到较高的回报率。艾伦（1998）认为美国的社会保障基金应转为私人证券。马丁·费尔德斯坦和安德鲁·塞姆维克（Feldstein & Samwick，1999）认为把社会保障工薪税中的一部分投入资本市场，能够缓解财政压力。一部分学者认为，与现收现付制相比，将养老基金投入股市不一定能产生较高的回报率，反而有投资失败的风险。还有一些学者认为养老保险基金是否入市取决于资本市场是否完备。

（四） 对我国农村社会养老保险的研究

在中国农村养老保险制度建设方面，针对老农保，D. 盖尔·约翰逊（Johnson，1999）通过分析我国 1990 年农民的调查数据，认为我国 1993~1997 年的基金投资收益为负，农民缴纳的保费一直处于贬值状态，养老保险制度无法持续，且我国农民对土地没有所有权，土地保障功能较弱，呼吁政府对养老保险进行相应补贴。彼特·戴蒙德（Diamond，2006）认为我国城乡二元的养老保险制度对农民来说有失公平，应逐步扩大社会养老保险的覆盖范围，建立社会化的养老机制，并提出政府应对农民的社会养老保险加大财政投入，以保障老年农民的基本生活需求。路兹·雷瑟林和阿特·侯赛因（Leisering & Hussain，2002）通过分析我国养老保险的现状和存在的问题，认为建立城乡一体的社会养老保险制度是政府的责任。

三　对国内外相关研究的总结和思考

国内学者对农村社会养老保险的研究主要集中在建立农村社会养老保险的必要性、可行性和意义，政府责任与财政投入和理性、新农保基金的管理运营，捆绑制是否合理以及农村社会养老保险制度与其他养老保障制度相衔接的问题上，为我国农村社会养老保险制度的建立提供了相关的理论和实践基础。但是仍存在需要探究和深入分析的地方：一是学者们往往对农村养老保险的理想状态展开讨论，缺乏以实地调研为基础的实证研究；二是对农村社会养老保险变迁过程中的中央政府、地方政府和农民的"角色"和互动关系的变化缺乏研究，而这三者的互动关系是农村社会养老保险制度发展的"骨架"，支撑并决定着制度能否健康持续地发展；三是学者们大多站在宏观立场看待农村社会养老保险的现状和问题，却忽略了农民对制度的评价和建议。

由于国外的农村社会养老保险制度大都覆盖于整个国家社会保障体系的框架之中，国外学者对农村社会养老保险的研究比较少见，只在农村养老保险的政府责任、养老保险筹资模式、养老保险个人账户投资与管理等方面有所涉及，国外相关研究对我国的农村养老保险的发展有一定借鉴意义。但我国长期的城乡二元结构、巨大的农村人口规模和严峻的农村人口老龄化现状决定了农村社会养老保险的研究必须结合我国的具体国情，建立具有中国特色的新型农村社会养老保险制度。

本章小结

21 世纪是全球人口老龄化的世纪，人口老龄化对人类生活的各个方面影响深远。老龄化已不再是发达国家的独有特征，发展中国家正在经历着大规模、高速度的人口老龄化过程。我国自 2000 年进入老龄化社会以来，老龄化速度不断加快。在我国经济转轨和社会转型的进程中，由于老年人口占总人口中的比重日益增长，农村劳动力不断向城市转移，家庭结构核心化和少子化等因素的影响，农村的人口老龄化现象日益凸显。传统的家庭养老和土地保障功能逐渐弱化，使农村老年人对社会养老保险的需求极为迫切。

我国的农村社会养老保险制度大致分为"老农保"和"新农保"两个阶段。老农保制度诞生于 1992 年，由于种种原因于 1999 年废止。进入 21 世纪之后，我国对建立农村社会养老保险的意识逐渐深化，自 2002 年起，全国各地根据其经济发展水平开始探索建立新农保制度。在地方实践经验的指导和国家政策的推动下，新农保制度于 2009 年正式颁布实施，并于 2012 年实现了制度全覆盖。

国内学者对我国农村社会养老保险制度的研究主要集中在建立农村社会养老保险制度的重要性和合理性、基金管理运营、城乡养老保险制度衔接等方面。国外学者的研究主要有农村社会养老保险制度的政府责任、养老金筹资模式和运行机制、养老金个人账户和对我国农保制度的调查研究。通过梳理相关文献可以发现，国内外学者对农村社会养老保险制度的分析大都停留在实践层面，很少用相关理论支撑研究框架。学者们大都关注制度本身的优劣，缺乏对制度变迁过程中中央政府、地方政府和农民三个主体之间的互动关系进行的研究。

第二章 农村社会养老保险制度变迁的理论与方法

在第一章里，通过对农村社会养老保险制度面临的社会经济背景的描述和对国内外研究现状的回顾，笔者认为，农民对社会养老保险需求逐日增加，对农村社会养老保险制度的供给是政府义不容辞的责任。在农村社会养老保险制度的变迁过程中，中央政府、地方政府和农民之间的多元互动直接决定制度的改革与发展，如何理解和认识三方的互动关系是影响制度走向与发展的关键。在本章中，笔者将从基本概念入手，从而搭建本研究的概念框架，并用相关的理论和研究方法来解释和支撑这一框架。

第一节 相关概念梳理

这一节主要讨论社会保险与农村社会养老保险，中央政府、地方政府和农民、多元互动的基本概念，并构建概念框架，为下文的深入研究夯实基础。

一 社会养老保险与农村社会养老保险

1889 年德国颁布的《老年、残疾和遗属保险法》标志着现代社会养老保险制度的产生。在经历了一个多世纪的发展和演变后，社会养老保险的内涵发生了复杂而多样的变化。二战之前，社会养老保险作为政府稳定社会的应急措施出台，主要解决受雇佣者退休后的养老问题，一般由国家强制参保人缴纳养老保险费，财务模式是现收现付的形式。经济发展和社会转型促使社会保险逐渐成为全面、普惠的制度在各个国家发展起来,并出现了很多自愿参保的保险项目。20世纪七八十年代基金积累制以及中国社会统筹与个人账户相结合模式的产生使社会保险的财务模式呈现多样性。随着社会保险的目标、筹资渠道、管理和实施方式的与时俱进,社会养老保险的概念也在逐渐丰富和完善。

本书中对社会养老保险的操作性定义是:社会养老保险是由国家立法,由参保者(及其利益关系人)、参保者单位和政府共同筹资形成社会养老保险基金,用来保障参保者在年老退出劳动力市场后的基本生活需求的社会保险制度。这一概念中比较恰当地体现了社会养老保险的"保险性"和"社会性",更加适合当前我国社会经济变化的新态势。因此,农村社会养老保险的概念也应体现上述定义中的几个要素。

农村,一般意义上是指从事农业生产活动的人口,即农民的聚居地。但是,本书中农村社会养老保险的对象是以中国特有的户籍制度为划分的乡村人口,也称"农业人口",包括进城务工和经商但没有参加城镇养老保险制度的农村户籍居民。

农村社会养老保险是专门针对"农业人口"设置的,指由国家组织实施,由个人、集体、政府共同筹资形成社会养老保险基金,用以满足农村居民退出劳动力市场后的基本生活需求的社会保险制度。

2002年,党的十六大提出探索建立农村养老保险制度;党的十七大会议上时任国家主席胡锦涛再次明确提出"探索建立农村养老保险制度";2008年,在中央经济工作会议上时任国务院总理温家宝也提出"积极开展农村社会养老保险试点"。国家"十一五"规划对建立农村社会养老保险制度提出了明确要求。2009年,时任国务院总理温家宝在政府工作报告中要求,"新型农村社会养老保险试点要覆盖全国百分之十左右的县(市)"(《十七大以来重要文献选编》上,2009:907)。十八大报告指出:"要坚持全覆盖、保基本、多层次、可持续方针，以增强公平性、适应流动性、保证可持续性为重点，全面建成覆盖城乡居民的社会保障体系。"（《胡锦涛文选》第三卷，2016：642）在国家的政策引导和推动下，我国的新农保制度正在不断发展和完善，逐渐形成了具有中国特色的新型农村社会养老保险制度。

二　制度变迁的主体

中央政府、地方政府和农民是我国农村社会养老保险制度变迁过程中的主体，三者之间的关系变化形成制度变迁的主线，因此对中央政府、地方政府和农民概念的界定就显得尤为必要。

中央政府与地方政府的关系就是指管理全国性区域的政府与管理部分区域的行政权力机构之间的关系。我国的中央政府即中华人民共和国国务院，地方政府的范围包括：省、自治区直辖市，县、市、市辖区，乡、民族乡、镇设立人民代表大会和人民政府。简而言之，我国的地方政府（除特别行政区以外）主要分为四级，即省级（或自治区、直辖市）、地（市或自治州）级、县（或县级市、自治县、旗）级和乡级（民族乡或镇）。由于本研究的内容和农村的具体事务相关，因此对地方政府的研究主要集中在县级、乡级和农村社区，具体到调研地是县级市、镇级政府和农村社区[①]。

"农民"在发达国家一般是指经营农场的人，与渔民、工匠和商人等职业并列，具有同样的权利，享受同等的社会福利，并无身份界限。而在中国，农民的概念维度更为丰富。无论在学术研究还是在日常习惯中，农民不仅指在土地上从事农业生产的人，还包括由于户籍制度形成的从事非农业生产的农民。虽然他们从事的职业不一定与土地相关，但仍是农村户籍，是农民身份。于

---

① 本书在考察农村社会养老保险制度时将村（居）委会归为地方政府层级，因为在农村很多工作都由村（居）委会协助办理，但其工作很多都是贯彻落实相关政策，尤其是在农村社会养老保险制度的推行过程中更是如此。

是就有许多特定称呼，如"农民工"、"被征地农民"或"失地农民"等。

因此，在讨论我国农村社会养老保险问题时，必须认识到我国"农民"的身份特征，认识到我国"农民"概念的特殊性，必须考虑到我国农民的各种状态："农民工"、"失地农民"、"被征地农民"、"乡镇企业农民工"以及"小城镇农转非人员"等。为方便研究，本书中农民的概念是年满 16 周岁（不含在校学生）、未参加城镇职工基本养老保险的农村居民。

三　多元互动

社会互动，简称互动，社会互动是指社会上个人与个人、个人与群体、群体与群体之间通过信息的传播而发生的相互依赖性的社会交往活动。一般认为，德国社会学家奥尔格·齐美尔（Georg Simmel）在 1908 年所著《社会学：关于社会交往形式的研究》一书中最早使用了"社会互动"（social interaction）一词。随后，在美国形成了相关的学派和系统理论，从此社会互动在学界被广泛引用。但不同的学者研究的角度不同，对社会互动的内涵的理解亦颇不一致，大致有以下几种观点（转引自龙观海，1973）。

莱特（E. B. Reuter）和哈特（C. W. Hart）在其《社会学导论》一书中说："社会因素交互影响，结果导致人性与文化之产生者，称社会互动。"社会互动是指人与人之间以及人与群体之间的交互影响。

米德（G. H. Mead）的符号互动论和麦瑞（F. E. Merrill）等的沟通互动论认为社会互动是指通过符号使人与人之间相互沟通的过程。麦瑞说："社会互动是建立于沟通的基础上的，个人借沟通之媒介而与他人互动。此种活动之结果。即社会互动之广大包含的过程。"（奚从清、沈赓方，2004）

有的学者认为，沟通即互动，人与人之间、人与群体之间的沟通过程就是互动过程；有的学者认为，互动比沟通内容更为广泛。社会互动是指"当两个以上的人互相接触时所发生的一切，以及行为上的变化"（奚从清、沈赓方，2004）。有的学者认为，社会互动是指个人与自我之间的互动，在他们看来，一个人在室内致力于一个问题解决时的自言自语，即可被视为此人在与其自我——社会客体发生互动。

比较观之，上述几种观点均从微观的角度或从社会心理的角度来理解社会互动，认为社会互动主要是人与人之间心理交感作用或行为相互影响。

中国台湾学者龙观海把社会互动理解为社会过程。他在《社会学》一书中说："社会过程是人类社会文化或团体生活的有连续性的或有交互作用的动态关系。这种动态关系有纵横两方面。从纵的方面来观察，我们所看见的是历史的演变或社会文化一连串的变迁。从横的方面来观察，我们所发现的是人与人或团体与团体彼此发生关系的各种方式。前一种过程或纵的动态关系，我们称为社会变迁，后一种过程或横的动态关系，我们称为社会互动。"（龙观海，1966）

西方社会学家对社会互动进行了多方面的研究，提出了不少理论，如米德的符号互动论、布卢默的象征相互作用论、戈夫曼的拟剧论、霍曼斯的社会交换论和加芬克尔的本土方法论等。上述这些社会互动理论，虽然不能囊括社会互动理论的全部，但却能反映社会互动理论的基本面貌。这些社会互动理论较多的是从微观角度研究人与人之间的相互影响、相互作用，特别是从行为、心理、自我、符号、意义、角色以及互动技巧等不同的角度，研究社会互动的条件、方式、作用、情境和过程。这对我们通过社会行为来认识社会关系、社会结构、社会文化、社会心理、社会意识等都有一定的积极意义。但是，仅从微观角度上进行分析是不够的，还要从宏观角度上进行分析，这样，社会互动的价值才能得到全面的体现。

社会互动是社会学基本的分析单位，它不仅是微观社会学研究的主要课题，而且是宏观社会学的主要课题。从微观上理解，社会互动是指个人与个人、个人与群体、群体与群体之间产生相互影响、相互作用的过程。从宏观上理解，社会互动是指社会上个人与社会、个人与自然以及社会各个基本要素（社会、经济、政治、文化）之间发生相互影响、相互作用的过程。在对社会互动内涵的研究方面，人们对前者往往强调较多，而对后者则常常强调不够。

　　本研究中社会互动的内涵借鉴了以上几种观点，中央政府、地方政府和农民的互动是多元化的。首先，从历史的横剖面看，同一时期内既有三者之间的两两互动，又有其中二者作为一个利益共同体与第三者的互动，还包括三者群体内部个体之间的互动。从纵向看，农村社会养老保险制度的变迁过程本身即是中央政府、地方政府和农民多元互动的动态过程。其次，随着时间的推移，这种互动的多元化是由农民的需求和支付能力以及政府供给能力的变化造成的。因此，农村社会养老保险制度变迁过程中中央政府、地方政府和农民的社会互动是一个动态的、多元的渐进过程，如此形成本研究的概念框架（见图2-1）。

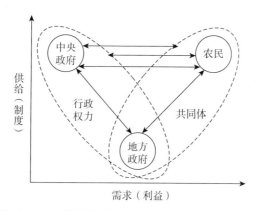

图2-1　农村社会养老保险制度变迁中中央政府、
地方政府与农民的多元互动

第二节 制度变迁中的主体互动

上一节中对本研究涉及的几个关键概念做了界定，在这一节，将以制度变迁中的主体互动理论对农村社会保险制度变迁过程中中央政府、地方政府和农民的多元互动进行简要的理论分析，形成对研究的基本理论认识和理论假设，为下文中实践分析指明路径和方向。正如艾尔·巴比（Earl Babbie）所说"社会理论试图讨论和解释'是什么'而不是'应该是什么'，理论不应该和哲学信仰相混淆"（艾尔·巴比，2005）。互动理论可以用于解释制度变迁过程中主体间互动的过程和结果。因此，对以上两个理论的回顾和提炼就显得尤为必要。

一 制度变迁理论

制度变迁理论的内容主要包含在以下几个理论之中：旧制度经济学派中以托尔斯坦·凡勃伦（Thorstein B. Veblen）、康芒斯·约翰·罗杰斯（Commons John Rogers）为代表的制度变迁理论，新自由主义经济学派弗里德里希·奥古斯特·冯·哈耶克（Friedrich A. Von Hayek）的制度变迁理论、约瑟夫·熊彼特（Joseph Alois Schumpeter）的创新理论和新制度经济学派道格拉斯·诺思（Douglass C. North）的制度变迁理论。此外，还包括马克思、博弈论者[①]的制度变迁理论。20 世纪 90 年代以后，青木昌彦、杰弗里·M. 霍奇逊（Geoffrey M. Hodgson）等人的理论观点丰富并发展了制度变迁理论。

（一）哈耶克的制度变迁理论

哈耶克的制度变迁理论体现在其"知识观"和"社会秩序规

---

① 主要代表人物有肯·宾莫尔（Ken Binmore）、培顿·杨（H. Peyton Yong）、罗伯特·萨格登（Robert Sug）及埃维纳·格雷夫（Avner Greif）等。

则二元观"中，其中包含了几个重要的概念：知识（包括分立的个人知识、默会知识和无知）、秩序（包括自生自发的秩序和人造的秩序）和规则（包括内部规则和外部规则）。

1. 知识观

哈耶克是最早提出将"知识"问题作为经济理论核心的经济学家，自此，"知识"成为贯穿哈耶克社会学理论的一个重要概念。总结哈耶克知识论的具体内容可知，他认为知识是个体认识客观事物的能力，这种知识可以是个体获得的、经验性的，也可以是个体对事物主观观念的感知。哈耶克的制度变迁理论最为关键的是构成哈耶克知识论的基础概念："分立的个人知识"、"默会知识"和"无知"。

"分立的个人知识"是哈耶克在 1936 年发表的《经济学与知识》的演讲中提出来的。在哈耶克看来，"分立的个人知识"是分散在不同个体中的"特定时空下的情势"（哈耶克，1989）的知识。即任何人都不可能完全了解所有事物和事件发生的原因，知识分散在不同的相互独立的人脑中，在特定的时间和空间下得以体现。这便是类似于劳动分工的"知识分工"。哈耶克认为，人的感官体验是获得知识的物质基础，感官的局限性决定了对外部知识掌握的有限性。由于人对事物感知的多样性，在不同的时间、地点，感知是不同的，并且这一感知往往要在事后被修正和反省，带有很强的主观性。然而这种"即时性环境的事实的知识"包括不同的知识种类：这种知识独立于"知道者"（knower），隐含在各种形式制度中或为其他个体所拥有，可以通过"知道者"有意识的学习和社会互动来获得并传播，并能够得以阐明。哈耶克用"分立的个人知识"来分析制度的有效性：决策者应该掌握事件的具体情况变化，并拥有可以立即处理这种变化的资源。如果将所有的知识传递给中央机构，由中央机构综合全部的知识后再做出决策则无法保证决策的即时性；"在场者"拥有及时掌握有关特定时间和地点的具体情况的知识，但却不能凭此做出适合更大范围的制度决策。因此，作为决策者的中央机构应该想出一种解决办法，既能保证制度的即时性又能保证其普适性。

随着研究的深入，哈耶克的知识观从对知识的存在状态的理解转向了对知识性质的审视。在 1952 年发表的《感觉与秩序》中，哈耶克首次谈及了"默会知识"的概念：这种知识是独立于个人理性的；通过学习和阐释的经验已然成为个人掌握的关于行为的一般性规则、传统和社会习俗的实践性知识。这种知识通常是被理解而无须被陈述的，是高度个体化的，但其所反映的是个体本身所处的环境，可传播的程度相当有限。可见，默会知识是只可意会、难以言传的，是经过在环境中的耳濡目染、潜移默化在个体自身中已然存在的一种知识。

哈耶克认为"分立的个人知识"和"默会知识"并不能涵盖知识的性质和内容。20 世纪 60 年代后哈耶克又提出了"无知"的概念：人们在自身知识增长的同时，其"无知"的范围也在不断扩大。"人类知识愈多，那么每一个个人的心智从中能汲取的知识份额亦就愈小。……我们的文明程度愈高，那么每一个个人对文明运行所依凭的事实亦就一定知之愈少。知识的分立特性当会扩大个人的必然无知的范围，亦即使个人对这种知识中的大部分知识必然处于无知的状态。"（哈耶克，1997）换言之，个体只能了解自身所能认识和了解的知识，而对社会的其他知识是无知的。从制度的制定和实施来讲，决策者对制定制度所必需的知识范围是部分"无知"的，他们对很多既定的相关事实无从知晓，这是哈耶克所认为的可以克服的"一般的无知"。决策者对制度实施过程中由于惯例、传统、习俗等所导致的结果是无知的，即"必然的无知"。这种"无知"是无法克服只能应对的。

从"分立的个人知识"到"默会知识"再到"无知"的知识观转化过程中，哈耶克对知识的内容与性质的理解不断丰富并深化。知识观是哈耶克制度变迁理论的基石，是理解制度变迁中的主体之间、主体与规则之间如何互动的基本理论。

2. 社会秩序规则二元观

哈耶克这样定义秩序：秩序是一种事态，其中的各要素关系紧密，使我们能够根据对某部分要素的了解对其他部分的要素做出正确预期，或至少是有希望被证明是正确的预期（哈耶克，2000）。社会的秩序指的是："个人的行动是由成功的预见所指导的，人们不仅可以有效地使用他们的知识，而且还能够极有信心地预见到他们能从其他人那里所获得的合作。"（Hayek，1960）由此可见，社会秩序是社会成员之间通过互动和沟通，以预期其他人的行动为基础来实现自我目标的过程。

哈耶克在 1967 年《政治思想中的语言混淆》的文章中提到，所有社会型构的社会秩序可以分为两种：一种是"生成的"，另一种是"建构的"。前者指的是"自生自发的秩序"（spontaneous order），后者指的是"人造的秩序"（a made order）。自生自发的秩序大多是复杂的，包含了远远多于人脑所能探明和操纵的复杂的秩序；它是抽象的，只能在一定程度上被人们从心智上加以重构；不是创造出来的，是人们运用自己的知识为实现自己的目的而形成的秩序。人造的秩序是相对简单的，是能够为秩序创造者所审视和把握的；是具体的，其存在可以被人们观察和总结；是服务于该秩序创造者的目标，以命令为基础的组织或安排。

哈耶克认为，"规则"的存在是秩序形成的必要条件，"个人行动经整合而成的秩序，并不产生于个人所追求的具体目的，而产生于他们对规则的遵循"[①]。换言之，社会秩序并不单单依赖行动者或规则来实现，而是行动者在特定环境中应对某一事件而遵守某些规则的结果（哈耶克，2000）。如果秩序是一种整体性的结果或状态，那么规则就是个体在社会行动中所遵循的惯例和习俗，所持有的信念和信仰。它们指导着个体行动并将其约束在允许的界限之中。一系列的规则进而共同构成制度。一如哈耶克所言，

---

① 具体分析见哈耶克（2000：22）。

"无论是对社会理论还是对社会政策都具有核心重要性的问题，便是这些规则必须拥有什么样的特性才能使个人的分立行动产生出一种整体秩序"（Hayek，1973）。处于同一环境中的人们大都会遵守相同的规则；共同的文化和习俗也会使人们自发去遵守某些规则；然而，人们也要服从一些强制性的规则，即使有时这些规则并不对某个人有益，但是只有大多数人普遍遵守这些规则时，"他们的行动得以成功所须依凭的整体秩序才会得以产生"（Hayek，1973）。根据性质不同，哈耶克把规则分为内部规则和外部规则。这两种相对而又相互联系的规则或规范分别对应于内部秩序和外部秩序。

"内部规则"是"内部秩序"形成的必要条件。"内部规则表示普遍适用的公正行为规则，它适用于无限多的未来事例，也平等地适用于处在该规则所规定的条件下的所有人，而不管在具体环境中服从该规则所产生的结果。这些规则划定了个人受保护的范围，使每个人或每个组织都知道它们在追求自己的目标时可以采取什么手段，从而阻止不同的人之间发生冲突。这些规则一般被称为'抽象的'、独立于个人目的的规则。它们导致一种同样抽象的、无目的的自发秩序或内部秩序。"（哈耶克，2000）

"外部规则"是"外部秩序"形成的必要条件，是"以通过命令向具体的个人分派具体任务、目标或职能为前提的；组织中的大多数规则只适用于承担特定责任的人"（哈耶克，2000）。外部规则通常是特定的人制定规则，这种规则的普遍性体现在针对某一事件的具体命令。

哈耶克制度变迁理论的切入点是社会秩序规则二元观。哈耶克认为尽管构成外部秩序的外部规则是维护社会稳定、治理国家的必备工具，但是构成内部秩序的内部规则也不容忽视，因为内部规则是个人行动自由的表现，它具备外部规则所无法触及的知识。社会秩序规则二元观中涉及个人和组织间的互动关系，也包含个人和组织与外部规则和内部规则之间多元的互动关系，这正是制度变迁的根本动力。

总之，哈耶克的制度变迁理论可以简要概括如下：社会中个人间的互动和组织间的互动形成特有的内部规则，并随市场化的加速而逐步扩散；个体和组织之间、组织和组织之间的互动导致外部规则的演化，知识不对称决定了演化的路径取向；个人与组织在互动过程中不断寻求对规则的一致性理解，个人与组织的冲突和协调构成制度变迁的主线。

在我国，制度变迁过程中各方的互动关系更为复杂，外部规则往往占主导地位，政府通过强制性的命令使内部规则无法发挥实质性的作用。但是随着社会发展和政府意识形态的转变，外部规则的影响力逐步缩减，内部规则的作用正在成长和壮大。外部规则、内部规则和主体之间的多元互动促成制度的变迁。

（二）诺思的制度变迁理论

道格拉斯·诺思（Douglass C. North）是新制度经济学的代表人物，他用制度变迁理论重新解释了人类发展的历史，这是西方经济理论发展中史无前例的突破。本书主要借鉴制度变迁理论中对制度变迁主体、过程和方式的解析。

1. 制度变迁的主体

"主体"一词原本是一个哲学范畴，在古希腊哲学中，主体被称为某些特别状态和作用的承担者，相当于本体论中的实体概念。"在现代哲学中，主体一般是指具有意识的人。"（丁煌，2002）"而行为科学所讲的主体即行为主体，它是指行为的发出者和实施者，是指具有行为目的、行为意识和行为能力的人和以人为单位所形成的社会组织或称社会群体。"（丁煌，2002）简而言之，主体就是具有行为目的、行为意识和行为能力的人和组织。

诺思认为，制度变迁的主体由三部分构成：个人、组织和国家，它们都是追逐最大利润的"企业家"。"在稀缺经济下的竞争导致企业家和组织加紧学习以求生存，并在学习过程中，发现潜在利润，创新现有制度。"（诺思，1995）其中组织指的是有共同利益取向的个人的集合，例如政治组织、经济组织、社会组织等。制度变迁是由于主体为各自的目标，不断提高技术水平和知识量，从而降低成本，争取最大效益的过程。在这个过程中，新规则取代旧规则，制度逐渐演进。所以，诺斯将制度变迁定义为"制度的替代、转换与交易过程，是一种效益更高的制度对另一种制度的替代过程"（诺思，1994）。诺思认为制度变迁的起因是发现潜在利润的创新活动。变迁过程由两者共同完成：初级行动团体和次级行动团体。首先由"初级行动团体"预见到更大的利益，这一团体的成员来自个人、组织和国家这三者所构成的"企业家"。"次级行动团体"是为帮助初级行动团体获得利益而进行制度变迁的"准企业家"（科斯、阿尔钦、诺思，1996）。

2. 制度变迁的方式

按照制度变迁的速度与连续性，诺思把制度变迁的方式分为革命式变迁和渐进式变迁。革命式变迁是指制度的根本性突变，往往伴随着强制征服和武装革命，是非连续的变迁；渐进式变迁则是一种连续性的演变，是当事人从发现利润到获取利润的逐渐调试过程。诺斯认为制度变迁往往都是渐进式的，"理解制度和制度变迁之困境的关键就在于，人们能否认识到那些构成他们的行为准则和规则的东西，仅仅是在一个长时期中逐渐演进的。制度分析从根本上说并不是研究博弈规则，而是研究个人对这些规则的反应。尽管这些规则可以在一夜间改变，但个人对规则变化的反应却是一个极其复杂和缓慢的适应过程。规则的变化要求规范、惯例和非正式准则的演进"（North，1987）。

根据制度变迁的主体诱因，诺思认为制度变迁可以分为强制性变迁、自愿性变迁和半强制半自愿性变迁：制度安排若是一种政府形式，则会由政府强制颁布实施；若是一种自愿形式，则是现有产权结构的强制权力的基础；在这两种形式之间存在各种程度的半强制半自愿形式的制度变迁方式（戴维斯、诺思，1994）。诺思这种强制性变迁和自愿性变迁的分法和国内学者经常提到的强制性变迁和诱致性变迁（林毅夫，1994）的分法在本质上是相同的。这种分法的假设性前提是：变迁主体是自身利益最大化的"经济人"，只有其发现自身利润时才有制度创新的可能性。

综上所述，诺思的制度变迁理论可以用来界定并解释我国农村社会养老保险制度变迁的主体和方式。我国农村社会养老保险制度变迁的主体是农民、地方政府和中央政府。在我国，往往是学者和官员扮演了"初级行动团体"的角色，他们首先预见到农民可得利润的存在，然后引导农民这一"次级行动团体"配合"初级行动团体"实现农民的利润。这显然和诺思的理论是相反的，当然，在这一制度变迁过程中会有许多矛盾。农村社会养老保险制度变迁的方式并不单纯是渐进式或变革式、强制性或诱致性的，而是多种变迁方式互补、相融的，具体内容将在第三章、第四章中详细分析。

二　多支柱理论

世界银行在1994年提出了《防止老龄化危机》的研究报告，系统阐述了关于改革公共养老金制度的政策主张。该研究报告认为，一个完善的养老金制度不仅要具有收入再分配或防止贫困和各种老年风险的功能，还要能够使影响经济增长的隐性成本最小。要达到这个目标，就要建立"多支柱"养老制度。

"多支柱"养老制度一般由"公共养老金制度"、"强制性的完全积累的养老金制度"和"自愿性储蓄制度"三个部分组成。公共养老金制度由政府统一组织融资，税（费）率一般不宜太高，实行"以支定收"。这一制度是以现收现付为基础的工资税（费）来支持的，主要通过收入再分配、财政转移支付和代际转移等强制措施和制度保障为老年人提供最基本的生活来源。完全积累的养老金制度是强制性的，实行"以收定支"。退休后享受待遇的水平与在职时的缴费数额挂钩。完全积累的养老金制度不存在代际间的转移，个人账户的积累不用于前代人养老金的支付，全部用于本人的退休年金。自愿性储蓄制度是以雇主自愿提供或个人自愿储蓄形式对养老金水平的补充。对于那些有资金也有愿望储蓄并想在老年时得到更多养老金的人，它能够提供补充性收入。为鼓励雇主和个人自愿储蓄，政府应适当地为这种自愿性储蓄提供一些优惠政策，主要体现在税收的优惠上。

2005 年底，世界银行出版了第二本重要著作——《21 世纪的老年收入保障——养老金制度改革国际比较》。这本书一出版，就被誉为世界银行参与养老金研究工作的又一个里程碑。这本书提出了一个重要思想，即它扩展了三支柱的思想，进而提出了五支柱的概念和建议：提供最低水平保障的非缴费型"零支柱"；与本人收入水平挂钩的缴费型"第一支柱"；不同形式的个人储蓄账户性质的强制性"第二支柱"；灵活多样的雇主发起的自愿性"第三支柱"；建立家庭成员之间或代与代之间非正规保障形式的所谓"第四支柱"。

增加零支柱的主要目的是在全社会范围内进行收入分配，以消除贫困，保证终生收入较低或从事非正规就业的个人能够在老年时得到基本保障。世界银行同时建议，各国的养老金制度应由尽可能多的支柱组成，只有通过多种途径和渠道，才能为老年人提供更加有效的退休收入。

本研究主要用多支柱理论来分析老农保到新农保的制度变迁过程中制度结构的变化。老农保制度仅有"集体补助"和"个人缴费"。而新农保制度增加了"政府补贴"这一支柱，向农民提供了最低水平保障的非缴费型"零支柱"。新农保"多支柱"型的制度结构使多年来阻碍农村社会养老保险制度发展的瓶颈有了重大突破。新农保制度以社会化、全覆盖的方式对农村 60 岁及以上的老人提供资金保障，这对中国建设"全面小康"和"和谐社会"具有非凡的意义，是我国建立和完善多支柱养老保障体系目标的重要一步。

三 制度变迁中的主体互动

上文中简要介绍了制度变迁理论和多支柱理论,笔者借鉴了以上两个理论的有关内容,形成制度变迁中的主体互动框架,用以分析农村社会养老保险制度变迁过程中中央政府、地方政府和农民的多元互动。本研究的理论框架如图 2-2 所示。

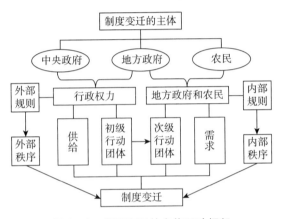

图 2-2 制度变迁的主体互动框架

1. 多支柱的农村社会养老保险体系

多支柱主要由以下几方面构成:政府提供保障最低生活水平的"零支柱",个人根据收入水平缴费形成"第一支柱",集体根据经济发展水平自愿提供的"第二支柱"。多支柱的农村社会养老保险制度的建立过程也是制度变迁的过程。

2. 农村社会养老保险制度变迁主体的互动

制度变迁过程中不仅有中央政府、地方政府和农民三个主体间的两两互动,也有中央政府与地方政府作为一个整体(行政权力)与农民间的互动,还有地方政府与农民作为一个整体(地方利益共同体)与中央政府的互动。制度变迁主体之间的利益博弈导致互动的多元,在互动过程中各主体的联系与矛盾正是制度变迁的根本动力。

3. 多元互动中的内部规则和外部规则

农民是社会中的自由个体，长期的文化积累和传统意识使他们形成基于理性实践的内部规则，进而形成内部秩序；中央政府作为制度的提供者在与农民的互动过程中，逐渐形成特有的外部规则并产生外部秩序；由于地方政府在制度变迁的过程中扮演双重角色——既是政府又是地方利益共同体的组成部分，因此，地方政府在不同的角色中产生内部规则或外部规则。内部规则与外部规则的冲突和协调促进了制度的变迁。

4. 不同性质的知识贯穿于制度变迁主体互动的过程中

农民的个人体会和生活经验是分立的个人知识，传统文化和日常规范、习俗是默会知识。但由于农民自身的局限性，对制度创新带来的利益大都处于"无知"状态。中央政府虽然有足够的知识以促进制度的创新，但其对农民的生活感受和实际需求是"无知"的。地方政府（尤其是县乡级政府）作为"在场者"，能够近距离了解农民的生活及要求，又具备一定的知识与中央政府共同规划制度的变迁，因此地方政府在制度变迁的主体互动过程中是"桥梁"和"纽带"，对制度的制定和实施起着举足轻重的作用。

5. 初级行动团体和次级行动团体共同完成制度创新

通常情况下，政府作为初级行动团体预见到农民的利益，而后在政府的强制或引导下，农民作为次级行动团体配合政府完成制度的创新过程。如果是中央政府直接做出制度变革的决策，那么中央政府是初级行动团体，地方政府引领农民在中央政府的命令下实施新制度，地方政府和农民就是次级行动团体；如果是地方政府首先预见到农民可获取的利益，而后在中央政府的支持下帮助农民实现利益，那么中央政府和地方政府就是初级行动团体，农民是次级行动团体。

"受文化因素影响和实践理性支配，农民更愿意参加看得见、能较快见效的活动。"（王思斌，2006）农民即使能够预见可有利益，也会对制度变迁的时效性产生怀疑。另外，农民往往认为制度创新的成本过高，对新制度实施的可信度和长久性有所顾虑。所以，即便是关乎自身的利益，农民也几乎不会主动实现制度创新。

6. 制度变迁的方式

根据制度变迁中主体的互动方式不同，制度变迁方式可以分为渐进式或变革式、强制性或诱致性，多元的互动方式决定了制度变迁方式的多重性。

第三节　调研方法与调研地点

上文通过概念的界定和基础理论的梳理，形成了本研究的基本框架。研究方法的确定能够对研究问题的进一步分析提供相应的策略。研究方法是利用科学的手段和方式对需要研究的问题进行说明和解释，从而达到研究的目的。研究方法是研究者的工具，凝练了研究者探索和思考的过程。本书的研究方法主要是质性研究法。

"质性研究是以研究者本人为研究工具，在自然情境下采用多种资料收集方法对社会现象进行整体性探究，使用归纳法分析资料和形成理论，通过与研究对象互动对其行为和意义建构获得解释性理解的一种活动。"（陈向明，2000）本书主要关注农村社会养老保险制度变迁的过程和主体间的互动，特别是地方和农民对制度的感受和期望。采用质性研究的方法能够有助于回答研究问题，达到研究目的，更能生动地充实本书的内容，使本书的脉络更为清晰。笔者收集资料的方法主要是访谈法。[1] 访谈法即通过与被研究者交谈和对其进行询问从中获取与研究问题相关的一手资料的方法。笔者采用半开放型的访谈方式，通过事先准备的访谈提纲，根据自己的研究问题对被研究者提出问题，在此过程中充

---

[1]　访谈进行的时间是 2012 年 7 月至 10 月。

分引导和鼓励被研究者积极参与谈话，并根据访谈的实际情况适时灵活调整访谈问题的内容和顺序，以期达到更好的访谈效果。

一　访谈对象

笔者根据研究需要选取了五类访谈对象：一是山东省 S 市人力资源和社会保障局领导，通过访谈了解当地农村社会养老保险制度的变迁和现状，以及对新农保的建议和期望；二是 S 市四个乡镇的农保经办机构负责人员，通过访谈了解本镇农保制度的运行状况以及对各级政府的相关建议；三是村会计，他们是直接负责农保工作的最基层的干部，通过他们了解农保制度的变迁、农保工作的流程和遇到的困难、农民对农保制度的反应，以及对上级政府的期望；四是农民，也是本研究主要的访谈对象，通过访谈了解农民在农保制度变迁中的损益得失，对制度的看法和愿望，以及对政府的要求和建议；五是相关领域的专家学者，了解他们对新农保制度的建议和展望。

二　抽样方法①

质性研究中经常采用的是非概率抽样中的目的性抽样方式，即"按照研究的目的抽取能够为研究问题提供最大信息量的研究对象"（Patton，1990：169）。因为质性研究更注重获取研究对象生活经验和心理感受等详细信息，因此研究对象的数量比较少。根据派顿（M. Patton）目的性抽样方式的分类，并考虑到实地访谈可能面临的情境，笔者选用的抽样方式是以分层目的抽样、典型个案抽样和滚雪球抽样为主的综合式抽样方法。

分层目的抽样是为了解收入水平和工作生活状态不同的农民对农保制度的看法，从而使访谈资料更加全面、丰富。为此笔者在山东省 S 市选取了 A 街道办事处 N 村、B 街道办事处 J 村、城郊

---

① 这里是以农民为受访者的抽样方法。

型的 C 镇 X 村、以农业生产为主的 D 镇 L 村和以海洋渔业为主的 E 镇 G 村的共 4 位镇农保经办机构负责人员、4 位负责农保具体事务的村干部（村会计），并走访了 18 户农户，选取了 22 位农民作为受访者进行访谈。

典型个案抽样是为了解既参加过老农保又参加了新农保的农民的心理感受，因为这部分农民数量较少，笔者在村干部的推荐下对受访者进行了访谈。

滚雪球式抽样主要用于大部分受访农民的选取。经亲戚朋友介绍找到当地一户农民进行访谈，之后通过这位农民的推荐找到下一位了解情况的农民进行访谈，如此逐渐向下追问，样本如雪球一样越滚越大。这种抽样方式既保证了访谈的效率，又为研究提供质量较好的样本。

三　受访者概况

根据访谈对象和抽样方法，笔者对访谈对象的基本情况进行了总结，并按照一定的规律进行编码[①]，具体情况如表 2－1 所示。

表 2－1　访谈对象基本情况

分类	个案编码	称呼	年龄	健康状况	家庭成员关系	人均年收入/支出（元）	年缴费（元）
农民	A111－01	盛大爷	82	一般	三儿四女（已婚）	3000/3000	
	A101－02	黄大妈	62	一般	丈夫、一儿一女（已婚）	9000/9000	补交 1500

---

① 为便于行文叙述和读者查阅，现对个案编码说明如下：编码第一位表示个案所在的街道办事处或镇，其中，A 村编码为 A，B 村编码为 B，C 村编码为 C，D 村编码为 D，E 村编码为 E。编码第二位表示受访者的身份，其中，农民编码为 1，村干部编码为 2，镇经办机构工作人员编码为 3。编码第三位表示受访者的性别，男性编码为 1，女性编码为 0。编码第四位表示受访者的年龄，60 周岁及以上编码为 1，45～60 周岁编码为 2，45 周岁以下编码为 3。编码第五位、第六位是个案编号，从 01 开始，用以区别不同的受访者。

分类	个案编码	称呼	年龄	健康状况	家庭成员关系	人均年收入/支出（元）	年缴费（元）
农民	B112 – 03	纪大哥	48	良好	妻子、一儿		100
	C111 – 04	孙大爷	75	一般	一儿一女	6000/6000	500
	C113 – 05	于大哥	30	良好	母亲		
	C113 – 06	李小弟	19	良好	父母	20000/12000	
	D113 – 07	吕大哥	42	良好	妻子、一儿	30000/12000	100
	D113 – 08	吕大哥	44	良好	妻子、一儿一女	25000/12000	500
	D112 – 09	吕大哥	50	良好	妻子、二女	20000/10000	100
	D111 – 10	张大爷	68	一般	妻子，二儿（已婚）	15000/12000	
	D111 – 11	姜大爷	63	良好	妻子、一儿（已婚）	20000/15000	200
	D111 – 12	姜大爷	64	良好	妻子、一儿三女	15000//7000	补交 1400
	E101 – 13	杨大妈	62	良好	夫妻，一儿一女（已婚）	8000/8000	100
	E111 – 14	石大爷	62	良好			
	E111 – 15	黄大爷	66	良好	妻子、二儿（已婚）	10000/7000	补交 37500
	E113 – 16	黄大哥	35	良好	妻子、一儿	30000/20000	100
	E111 – 17	韩大爷	73	一般	妻子、一女（已婚）	6000/6000	补交 37500
	E103 – 18	杨大姐	36	良好	父女，杨大姐母亲	40000/20000	100
	E111 – 19	杨大爷	67	良好		4800/3500	补交 37500
	E101 – 20	李大娘	85	一般	三儿三女（已婚）	3000/3000	
	E103 – 21	穆大姐	41	良好	二女	35000/20000	100
	E102 – 22	朱大姐	48	良好	丈夫、女儿（已婚）、儿子、公公、婆婆	9000/8000	100
镇经办机构新农保工作负责人	A313 – 23	王主任	38				
	C313 – 24	于主任	34				
	D313 – 25	吴主任					
	E313 – 26	魏主任					
村干部	B211 – 27	纪会计	66				
	C203 – 28	邢会计	40				
	D212 – 29	吕会计	57	良好	妻子、一儿	15000/10000	100
	E213 – 30	张会计	38				

四 样本来源地的具体情况

山东省 S 市位于中国山东半岛西南部，其综合实力 2010 年列山东省县（市）的前五位，全国百强县前二十位，经济较为发达。1995 年 S 市根据上级有关文件，建立并实施老农保制度。2011 年 1 月 1 日起，老农保工作停止，自此日起，个人账户养老金积累额按新农保计发系数计算个人账户养老金领取标准。

为解决失地农民养老保障问题，S 市委、市政府 2003 年提出，要"建立失地农民生活长效保障机制"，经过各部门的调研和测算，2006 年，S 市出台了《S 市被征地农民基本养老保险暂行办法（试行）》，在全省范围内率先建立推行被征地农民养老保险制度，将被征地后人均农业用地 0.3 亩以下村庄、库区移民及海岛村庄全部纳入参保范围，被征地农民养老保险制度的成功推行，为该市新型农村社会养老保险制度的建立提供了良好的基础和可行的经验。

2009 年 11 月中旬，S 市被国务院确定为全国首批新型农村社会养老保险试点市，新农保制度开始逐步推行。S 市在执行国家 100~500 元 5 个缴费档次的基础上，又增加了 700 元、1000 元、1500 元 3 个缴费档次。允许年满 60 周岁及以上的人员一次性补缴养老保险费，使其个人积累的养老费变成终生的养老保障。同时实行被征地农民养老保险制度与新农保制度双轨运行，112 个被征地村庄的 51531 位农民，可按两项保险制度规定缴费且享受养老保险待遇。

本章小结

首先，本章从基本概念入手，对农村社会养老保险制度变迁中中央政府、地方政府与农民的多元互动相关的基本概念做出界定，指出中央政府、地方政府与农民的互动既包括三者的两两互动，又包含两者作为整体与第三者的互动，由此构成概念框架。其次，通过对哈耶克和诺思制度变迁理论及多支柱理论的梳理和总结，形成适用于本书的制度变迁中的主体互动框架。最后，对书中所用的访谈法进行描述，详细介绍了访谈对象、抽样方法和样本来源地的基本情况。

第三章　老农保制度的变迁：
主体的多元互动

上一章对研究概念和相关理论进行了梳理，并介绍了本书的研究方法。接下来两章将用制度变迁中的主体互动理论分析两个问题：一是农村养老保险制度经历了怎样的变迁过程；二是制度变迁过程中中央政府、地方政府与农民的多元互动关系是怎样的。上文中曾经提到，我国农村社会养老保险制度主要经历了两个时期：老农保时期（1986～2002年）和新农保时期（2002年至今）。本章主要研究老农保制度的变迁过程和变迁过程中中央政府、地方政府和农民的多元互动。厘清农村社会养老保险制度的来龙去脉，有助于为第四章新农保制度的研究提供历史参照，使制度变迁的研究体系更为完整。

第一节　老农保制度的变迁过程

我国在1986年就开始了农村社会养老保险制度的探索，1991年在各地进行试点，逐步建立起老农保制度，并由民政部主持在全国广泛推行。老农保制度取得了一些成就，但由于制度本身的缺陷和资金管理方面的问题，1998年中央政府下令对老农保制度进行整顿，执行部门由民政部移交劳动和社会保障部，自此，老农保制度处于停滞状态。

一　老农保制度的建立（1986～1992年）

新中国成立后，为维护农村的社会稳定，保证农民基本的生产生活条件，中央政府颁布并实施了一些针对农村的社会保障政策措施，例如"五保"制度、救灾救济、优抚等主要针对农村特殊群体的社会保障制度。这个时期农村的养老形式是以土地为保障的家庭养老。

1957 年开始，我国建立了"三级所有，队为基础的"农村集体经济，按照"人口＋劳动量"的模式分配劳动成果。土地归集体所有，家庭养老模式弱化，农民的收入依附于集体，年老失去劳动能力的农民可以通过集体分配获得低水平的养老保障，集体养老的模式就此形成。

经济体制改革首先在农村掀起，家庭联产承包责任制的建立瓦解了传统计划经济体制下的集体经济组织形式，使农民所面临的养老风险从集体经济组织下的共同风险变成个人的、分散的风险。虽然农民的收入水平随着生产经营方式的改变有所提高，但由于工业化、城市化的进程加快，农民的土地数量减少，再加上计划生育政策实施导致的家庭小型化，家庭保障与社会经济发展不适应，亟须新的保障方式来弥补农民的养老风险。

中央政府逐渐重视农村人口的养老问题。国家"七五"计划指出，"……抓紧研究建立农村社会保险制度，并根据各地的经济发展情况，进行试点，逐步实行"。之后，"八五"计划进一步指出："……在农村采取积极引导的方针，逐步建立不同形式的老年保障制度。"1986 年，民政部根据国家的要求，结合各地经济发展水平，在江苏省沙洲县（现张家港市）召开全国农村基层社会保障工作座谈会。会议总结了各地农村养老保险模式的探索，并由民政部开展农村社会养老保险试点工作。1991 年 6 月，国务院发布的《国务院关于企业职工养老保险制度改革的决定》中进一步明确由民政部负责农村社会养老保险改革的工作。随后，民政部在山东省组织了大规模试点。1992 年 1 月，民政部印发的《县级农村社会养老保险基本方案（试行）》确定以县为基本单位在全国开展农村社会养老保险，同时要求各地根据实际情况继续组织试点，老农保制度正式建立。

老农保制度的主要内容是：参保对象是"非城镇户口、不由国家供应商品粮的农村人口"；资金的筹集"以个人缴费为主、集体补助为辅、国家给予政策扶持"；个人缴费和集体补助分别记入个人账户；缴费标准采取多档次①，可以预缴或补缴；基金以县级为单位进行管理，主要存入银行或者购买国家发行的高利率债券，个人账户基金积累实行分段计息；60周岁以后参保者可以按支付标准领取养老金，支付标准通过个人账户累计本息和平均余命计算得出；实行政府引导与农民自愿相结合的实施策略。

二 老农保制度的发展（1992～1998年）

1992年7月，民政部召开全国农村社会养老保险工作经验交流会，推广武汉试点经验。同年12月，在江苏省张家港市召开的全国农村社会养老保险会议上，总结了近600个县（市）大规模试点的实际经验，提出"积极领导、稳步前进"的方针。以此为标志，老农保制度在全国范围内逐步发展起来。

1995年10月，民政部在杭州召开的全国农村社会养老保险工作会议上根据各地经济发展水平不同提出分类指导的思想：经济发达的地区要引导农民积极参加农保，逐渐完善地方法规和管理体制；在经济较为发达的地区要积极稳妥地发展农保制度；在经济欠发达的地区中选择较发达的县作为试点，总结试点经验，再步步推进。之后，老农保制度快速覆盖全国。1997年11月，民政部在山东省烟台市召开了全国农村社会养老保险管理工作现场经验交流会，全国有26个省区市政府制定了相关的地方性法规，并将完善农村社会养老保险制度纳入政府重要工作任务（卢海元，2007）。

---

① 月缴费标准分2元、3元、4元、5元、6元、8元、10元、12元、14元、16元、18元、20元12个档次。

民政部的统计资料显示，在老农保制度发展巅峰的 1998 年，全国已有 2123 个县（市）和 65% 的乡（镇）开展了农村社会养老保险工作，共 8025 万（参保率为 9.47%）农民参加了老农保，占当年农村人口总量的 9.24%，占当年农村劳动力人口的 17.28%。全年农村社会养老保险基金收入 31.4 亿元，支出 5.4 亿元，当期结余 26 亿元，期末滚存结余 166.2 亿元（中华人民共和国劳动和社会保障部，1999）。领取人数为 55 万人，建立各级农村社会养老保险管理机构近 3 万个，配备专职人员近 4 万人，基本形成了中央、省、市、县、乡、村多级工作网络和上下贯通的管理体系和较为健全的管理体制（童星、林闽钢，2011）。

三　老农保制度的停滞（1998～2002 年）

从 1997 年 10 月开始，国家对老农保的整顿工作已逐步展开，老农保制度存在性质不清、管理不规范、强迫参保、给付标准过高、基金运营困难等弊端。1998 年政府机构改革，民政部不再负责农村社会养老保险工作，而由新成立的劳动和社会保障部农村社会保险司对农村社会养老保险进行统一管理，老农保制度面临整顿和职能机构变更的局面。

1999 年 7 月，《国务院批转整顿保险业工作小组保险业整顿与改革方案的通知》中明确提出我国农村目前不适合普遍推行社会养老保险制度，要对老农保制度进行清理整顿，停止接收新的业务，并在条件允许的情况下过渡为商业保险。劳动和社会保障部门对老农保的实施情况进行了深入调查并广泛征求了意见，但在实际工作中问题层出，各地退保现象频频出现，基金运营面临更大的困境，老农保制度基本处于停滞状态。根据劳动和社会保障部对老农保基金的调查摸底，截至 2000 年底，我国共有农村社会养老保险基金 198.58 亿元，其中银行存款、国债及财政管理占总资金的 80.1%，其他机构存款占 11.3%，投资占 8.6%。能够收回、收回有困难的和不能收回的本息分别占基金总额的 92.9%、

6.4% 和 0.7%（卢海元，2009）。

2002 年 10 月，劳动和社会保障部指出，应按照各地社会养老保险制度开展的不同情况区别对待，有条件的地方要坚持继续实施，应继续探索适合农村特殊群体的养老保险制度。上海、浙江和山东等制度基础较好的地区，老农保制度并没有中断，在覆盖范围上有所扩大的同时也在不断探索新的农村社会养老保险方式。

自 1992 年正式建立到 2002 年，老农保制度经历了逐步探索到迅速发展再到停滞衰退的变迁过程。老农保的参保人数从 1992 年的 3500 万人升至 1998 年的 8025 万人，后又降至 2002 年的 5462 万人，参保县的数量从 1993 年的 1100 个升至 1998 年的 2123 个，之后逐年下降（见表 3 - 1）。分析其失败的原因应首先从老农保制度变迁中的主体行为开始。

表 3 - 1　我国老农保时期农民参保情况

单位：万人，个

年份	1992	1993	1994	1995	1996	1997	1998	1999	2000	2001	2002
参保人数	3500		3484	5143	6594	7452	8025	6461	6172	5995	5462
参保县		1100					2100	2123	2052	2045	1955	1870
养老金领取人数			0.17	0.27	0.32	0.61			0.98	4.08	1.23

资料来源：根据 1992～1997 年《民政事业发展统计报告》，1998～2002 年《劳动和社会保障事业发展统计公报》相关数据计算整理而得。

第二节　老农保制度变迁中主体的意图与行为

上一章中曾提到，农村社会养老保险制度变迁的主体是中央政府、地方政府和农民。作为决策者的中央政府决定了制度的价值理念和整体走向，也是制度的供给者；作为执行者的地方政府，是沟通制度主体上下游关系的"纽带"，既要根据实际情况贯彻中央政府的决策，又要作为"在场者"向中央真实反馈农民的需求和意愿，使制度供给与需求达到平衡。作为制度受益者的农民，其需求和参与制度运行的意愿是否与政府的意图相契合直接决定了制度的成败。所以，针对以上问题，有必要讨论制度变迁过程中的中央政府、地方政府和农民的意愿与行为。

一　中央政府财政责任缺位

中央政府是制度的制定者和决策者，其行为决定了制度的宏观方向，是制度变迁的主导性主体。中央政府的政策导向经历了"从无到有—从局部到全面—整顿规范"的过程。在老农保制度中，中央政府没有承担相应的经济责任，中央政府的财政责任缺位是老农保制度最终无法维续的主要原因。

（一）中央政策导向的变迁

1. 从无到有

新中国成立之初，为促进社会经济发展，国家以农业支持工业为导向，没有建立系统的农村社会保障制度。改革开放以来随着经济发展水平的上升，国家对农村社会养老保险逐渐重视，曾多次提出建设农村社会养老保险制度问题。"七五"计划指出，"抓紧研究建立农村社会保险制度，并根据各地的经济发展情况，进行试点，逐步实行"；十三届八中全会通过的《中共中央关于进一步加强农业和农村工作的决定》明确提出"在有条件的地区，逐步开展农村养老保险"。民政部于1986年初对经济发达地区进行调研和试点，并于10月在全国农村基层社会保障工作座谈会上决定，在我国农村实施农村社会养老保险制度要把握因地制宜的原则，优先在经济较为发达的地区开展试点。1986年12月，民政部的《关于探索建立农村基层社会保障制度的报告》提到，农村社会养老保障制度的建立要根据我国的具体国情，"以国家、集体、个人承受能力为限度"，提倡"以社区为单位，以自我保障为主，充分重视家庭保障的作用"；要以自愿参保为基础，逐渐扩大保障规模。

这一阶段，中央政府对农村社会保障制度刚刚开始重视，其理念和认识也比较抽象和笼统，没有专门出台针对农村社会养老保险的政策，这一时期是从无到有的初步阶段。但中央政府的政策导向初步成型：强调"自我保障"、"家庭保障"和"自愿参保"等。

2. 从局部到全面

1991年初，国务院决定由民政部负责老农保制度的试点工作，老农保制度的执行部门正式确定。随后，民政部在山东等地进行老农保试点，并总结了试点经验；同年11月，民政部在《关于进一步加强农村社会养老保险工作的通知》中提到，要逐步把试点增加到100个县的规模，在条件较好的省市形成农村社会养老保险制度的雏形；各地要积极响应，加快试点的速度，扩大规模。

1992年1月，民政部下发《县级农村社会养老保险基本方案（试行）》，规定了老农保制度的具体内容，并明确农保制度是"国家保障全体农民老年基本生活的制度"。随后，民政部提出：要加紧推进农村社会养老保险制度的工作进度，加速农村社会养老保险制度的启动运转，有条件已试点的地区要尽快全面扩大规模。1992年7月，民政部在农保工作经验交流会上提出"学武汉、赶山东，养老保险更上新台阶"的目标。同时，"八五"计划提出"在农村采取积极引导的方针，逐步建立不同形式的老年保障制度"的指导思想。1992年9月，《民政部关于进一步加快农村社会养老保险事业的通知》指出：各地要做好农保制度发展规划，扩大覆盖面，提高参保率。并要求东部和大中城市试点县区全面启动，中部地区部分启动，西部择条件启动，贫困地区做好基础工作，准备启动。1992年12月，民政部在全国农村社会养老保险工作会议上宣布："根据各地试点情况和形势要求，大规模试点工作告一段落，下一步工作将转入在有条件的地方全面推进、建立制度的新阶段。"这标志着老农保制度将在全国范围内全面推进。

中央政府在"九五"计划中表示："要加快养老保险、失业保险和医疗保险制度改革，发展社会救济、社会福利、优抚安置、社会互助、个人积累等多层次的社会保障，初步形成适合我国国情的社会保障制度。"同时，规定"农村养老以家庭保障为主，坚持政府引导和农民自愿，发展多种形式的养老保险"。在这一思想的指导下，1995年10月19日，《国务院转发民政部关于进一步做好农村社会养老保险工作的意见》提出：老农保工作进入了规范发展轨道。针对工作中出现的问题要"从实际出发，分类指导"。

在1998年政府机构改革中，国务院决定由新成立的劳动和社会保障部农村社会保险司统一指导和管理全国的老农保工作，并要求过渡期间，各地民政部门积极配合，保证工作的接续性和稳定性。

这一时期中央政府十分重视老农保工作，由试点地区向全国范围、由点及面快速扩大规模。并强调"加快进度，必须保证质量，特别是要尊重人民群众的意愿"。根据经济发展水平不同，分类指导各地农村社会养老保险工作的目标，积极稳妥推进老农保制度的全面发展。

3. 整顿规范

在老农保向全国范围全面推进的同时，问题和障碍也不断涌现。针对这些问题，1999年，《国务院批转整顿保险业工作小组保险业整顿与改革方案的通知》要求对老农保进行清理和整顿，"停止接收新业务，有条件的地方逐步过渡成商业保险"。

1999～2001年，劳动和社会保障部先后提出了三个整顿方案：一是在原来民政部门开展的农村社会养老保险制度基础上，停止扩大范围，彻底清理基金，区别对待，妥善处理，不改变农村社会养老保险制度的原有性质；二是转变政府职能，政府只负责政策制定和宏观调控，经办和运营工作交给市场，成立农村养老保险公司，在政府和保监会的监督下实行市场化运营；三是"家庭赡养、土地保障、社区扶持和社会保险互相结合，互为补充，共同构筑农村社会保障网"，重构农村社会保障框架，重视特殊农民群体的养老保障。这三个整顿方案最终都未能通过和实施，说明中央政府内部对于改革的方向模糊不清，意见分歧难以统一（卢海元，2009）。

此后，部分地区出现大规模退保现象。

老农保制度何去何从是这一时期国家一直关注和社会各界讨论的问题。如果保持现有的制度模式，参保率势必持续下降，养老金支付难以为继，管理部门也会陷入困境，可能导致不良的社会影响；如果继续实施老农保制度，应该怎样在已有的制度框架下进行改革，使制度摆脱现有的困境，健康有序发展是当时面临的现实挑战；如果停办农村社会养老保险制度，已参保的近 8000 万农民的利益会受到巨大损失；如果将老农保制度移交商业保险公司管理，将涉及利益和资源的重新配置，会对资金的监督和管理提出更高的要求，也会造成很高的社会成本。因此，老农保制度未来的发展方向涉及方方面面的内容，需综合考虑。

这一阶段，由于老农保制度在全面开展的过程中，存在疏于监督和管理的问题，也因此出现许多其他问题。但由于当时没能提出相应的解决方案，老农保制度就此停滞。

（二）中央政府的财政缺位

老农保制度的变迁过程体现了中央政府承担责任的变迁过程。从中央政府对老农保制度的政策导向来看，虽然中央政府在逐渐重视和支持老农保制度的开展，责任在不断深化，但是总体来看，中央政府的财政责任一直处于缺位状态，农保制度未体现社会保险应有的"社会性"。

新中国成立初期，我国由于政局刚刚稳定，处于经济恢复阶段，没有足够的精力关注农村的养老问题，农村老年人的养老主要依靠家庭成员和基层农业生产合作社，中央政府的责任完全缺失。1956 年以后，随着农村集体经济的建立，集体内部对农民提供低水平的养老保障，中央政府仅承担制度设计和决策的责任。改革开放初期，家庭联产承包责任制的推行使农民收入增加，家庭养老再次回归，成为农村居民的主要养老方式，但土地收入不稳定，市场风险加大，加之计划生育政策的影响，家庭养老保障方式面临挑战，但这一时期国家也没有相关政策的引导与支持。1992 年之后，随着老农保制度的正式确立，国家对农村养老问题逐渐重视。随后各种政策的出台和实施体现了政府责任的逐渐回归，老农保制度在中央政府的支持和推动下取得一定成就。但这一阶段中央政府仅仅对政策的制定、调整和完善进行宏观调控，没有提供资金扶持，对地方政府的制度实施情况的监管力度也不够，致使老农保制度缺乏稳定性，从而走向停滞。

二　地方政府实施过程困难重重

在老农保制度的变迁过程中，地方政府是衔接中央政府和农民的"桥梁"。一方面，地方政府要针对实际情况进行自发的制度创新活动；另一方面，地方政府要执行中央政府的指令，把抽象的制度理念贯彻到实践中。

（一）地方政府的自发创新和试点

老农保制度的建立来源于地方政府在中央政策引导下自发的创新活动。十一届三中全会以后，地方政府积极探索农村社会养老保险的模式，形成了集体包揽模式（仿城模式）、社会统筹模式（社区模式）和福利模式。[①] 到 1990 年，全国有 19 个省的 800 多个乡、8000 多个村开展了社区型养老保险试点，参加人数为 90 万人。后来，在民政部的带领下，大连的甘井子区、安徽的淮北市、

---

① 集体包揽模式即照搬当时城市大中型国营企业的劳保模式，职工有退休年龄、有领取养老金的标准，费用全部由企业负担，个人不缴纳费用，企业也没有养老储备。这主要在一部分搞得好的乡镇企业里实行。社区模式是以社区为单位筹集、管理和使用养老资金。有的以乡镇为单位，有的以村为单位，也有的以企业为单位。这种模式的特点是由社区统一制定养老制度、统一管理资金。福利模式即"几乎不要钱"，各地的做法不一，不要钱的内容也不一样，大概是看病不要钱、养老不要钱、上学不要钱、用电不要钱、用水不要钱，一切由村里负担。这种模式主要在一部分集体经济实力雄厚的村实行。

北京的大兴县（现大兴区）和山西左云县进行了农村社会养老保险试点，并形成以县区为单位的储备积累模式①，为老农保制度的建立奠定了实践基础。

1991 年，老农保制度基本方案形成，为验证其可行性，民政部选择了经济较为发达且民政基层组织健全、党政干部工作积极的山东烟台的五个县市进行了进一步试点，并取得了良好的效果。在总结试点经验并进一步调整方案后，老农保制度正式确立。在中央政府的进一步推动下，1991 年 10 月，近 20 个省区市召开了老农保工作会议，安排部署老农保工作，近 200 个县市区政府根据当地的具体情况颁布了老农保暂行办法，参保农民达 530 多万人，投保金额 3 亿元。湖北省武汉市的老农保工作进展得尤为突出，1992 年 6 月达到了全市老农保制度的全覆盖。随后，老农保试点范围逐步扩大，其发展速度和规模超出预期。

地方老农保制度的探索为农村社会养老保险制度的建立提供了初步选择的方案。地方的农村社会养老保险试点为老农保工作的顺利开展提供了实践依据。

（二）地方政府的利益取向

地方政府之所以在农村社会养老保险工作中积极响应中央政府的号召，一方面是为追求"政绩"，另一方面是因为地方能够从制度运行过程中得到利益。首先，集体补助和农民缴费而成的农保基金以县为单位统一运营管理，这笔资金有时会被有些地方政府用于地方的经济发展；其次，民政部规定，农村社会养老保险事业管理机构可从收取的养老保险费中，提取管理服务费。管理服务费按当年收取保险费总额的 3%提取。管理服务费以县（市、区、旗）为单位统一提取，分级使用。分级使用的比例如下：县级管理机构为整个管理服务费的 85%，地市级管理机构为 7%，省

---

① 储备积累模式的特点是由国家、集体、个人分别承担养老责任，由国家统一管理资金，保证合理利率。

级管理机构为6%，中央级管理机构为2%；其中，直辖市管理机构为8%，其县（区）管理机构为90%。县级管理机构计提管理服务费，按分级使用比例，分别直接交付给上一级管理机构。①

有些地方政府在老农保工作的具体操作中出现了很多问题。例如一些地方强迫农民参保，甚至个别地方政府的人员出现贪污、挪用资金等情况。S市在1995年11月29日正式在全市范围内推行老农保。在走访过程中，大多数农民从未听说过老农保制度，几位了解老农保制度的访谈对象在回忆老农保制度实施的过程时提到了地方政府存在的这些问题。

> 当时有政策的，来宣传的都发了文件，镇政府压的任务，说是一次性缴上，当时不办不行，各村按照户数拨任务，有的村钱紧张，很吃累，人家不愿意入，村里总是动员。大家对这个制度意见可多了（E111-15黄大爷）
>
> 当时那就是一个行政命令，村里必须完成任务。上面拨任务，分到各个村，镇上都有考核村里的各项指标，干部都根据考核拿奖金，这个任务就纳入考核当中。每个村任务是几千到几万（元），都是干部入的，还有的个别村听说就给书记入的，别的谁都不给。村里给拿钱，个人愿意缴就缴点，再有的村就是几个当官的分分，书记最多，村主任少点，其他人再少点。俺亲戚家就是村里给3000（元），自己拿1000（元）。那个老农保很少有人知道，就是村干部知道，也不可能让大家都知道，村里拿不出这么多钱来给大家入保险。（E101-13杨大妈）
>
> 当初老农保我们村入了58个人，在村的联户组长、村委会工作的，一人入几百块钱，最多的人缴了2000多（元），其实就是自己的钱，当时就直接从他们的工资里给扣下了。

---

① 见民政部《农村社会养老保险管理服务费提取使用方法（试行）》，1992年。

当时文件上面说可以缴一次，至少一人缴 100（元），如果要想缴得少，像几块钱，那就得每年都缴。村里当时都想省事，没有那么多时间去动员、去宣传，还是赶紧完成任务最重要，所以就安排很少的人，让他们一次性缴得多点，这样就省了不少事。（C203 - 28 邢会计）

全村十七八个人参加老农保，当时农民思想上都跟不上，俺村派的指标，最后分到党员干部当中，每个人 800 元，自己拿 400 元，村里给拿 400 元。当时村干部为了动员参保，不完成任务都不回家了。当时就说必须完成指标，完不成任务还不行，要扣分的。每个村分几千（元）的任务，动员工作做了好长时间，村里就怕没人愿意缴，可是要完成上面下的指标，只好动员党员干部和村里几个有钱的户参了保。这个钱就拿了一次，政策上说可以续缴，但是民政局就贯彻了一次就黄了。（D212 - 29 吕会计）

从以上的访谈资料可以看出，地方政府在实施老农保制度时，为在规定的时间完成上级政府分派的任务，为节约人力成本和时间成本，宣传不到位，强制党员、村干部、职工、义务兵、村医、乡村私营业主等高收入人群参保；经济条件较好的村把本该用之于民的补助资金更多地补贴给村干部及其家属，经济条件较差的村则无力对参保者补贴，加重了参保者的经济负担。

三 农民无法认知养老需求

农民是农村社会养老保险制度变迁的主体，但在老农保制度的实施过程中，农民常常被当作制度的客体，被动接受政府为农民制定的各项制度。从上文的分析可知，老农保工作的开展并不是农民完全自愿的结果，原本为农民利益而建立的制度却使农民几乎没有得到好处。老农保的制度设计和实施运行中的缺陷与农民的制度需求和认识以及自身的缴费能力有必然联系。

（一）农民的制度需求和认知

老农保参保率逐年下降并不是农民不需要养老保险，而是老农保的制度设计不符合农民的养老需求。农民对养老的传统认识和消极的消费方式影响农民的参保意愿，对农村社会养老保险的认识不够，缺乏参保的意识。从以下的访谈资料可以看到这一点。

> 当时（老农保）做工作做了好长时间，当时的人没有那个素质，思想不开化，觉得钱就攒在手里最放心，不愿意往外掏钱，放到现在就是全部自己拿我们也愿意……那时候的老人都指望儿子养老，指望着地里种的能卖钱，对别的都不信。也不愿意去接触新事物，怕上当受骗，没几个有文化的，就是听也听不进去，听不明白……当时村里就怕没人愿意缴，所以给每人补了一半，大家还都委屈得不行，不愿意往外掏钱。（D212 - 29 吕会计）

> 不过那会儿的人就是动员他也不入，当时都没有那想法，认识也跟不上，这都是块死钱。那些富的、有钱的人，当时也不相信政府办事可靠，还不如把钱吃了、花了，甚至赌了舒坦。（E101 - 13 杨大妈）

长久存在于农村的文化传统，通过形塑农民对制度的态度来影响农民是否参保的决定。传统"孝文化"影响下的家庭养老观念影响着农民对养老方式的选择，使很多农民不愿放弃家庭养老，从而影响了农民的参保意识。农民对社会养老保险的认识模糊，对制度的性质和长远意义并不了解，对利益的预期缺乏信心，因此对制度的稳定性和有效性持怀疑态度，影响参保意愿。

（二）农民的缴费能力

养老保险的本质是把年轻时积累的资金用于退休后，以抵御养老风险，个人缴费是社会养老保险的主要筹资来源，个人缴费的水平取决于参保者的收入除去支付现实基本生存需要之后的剩余资金的多少。随着国家经济发展水平的提高，老农保时期，农民的收入水平逐年上升，如表 3-2 所示，老农保时期，农民的人均年收入从 1993 年的 1334 元提高到 2002 年的 3449 元，增长了 158.5%，人均年剩余从 123 元涨到 525 元，增长了 326.8%，收入的增加使农民的个人筹资能力有所提高。

表 3-2　老农保时期农村居民家庭人均年收支情况

单位：元

	1993	1994	1995	1996	1997	1998	1999	2000	2001	2002
人均年收入	1334	1789	2338	2807	2999	2995	2987	3146	3307	3449
人均年支出	1211	1636	2138	2535	2537	2457	2390	2652	2780	2924
人均年剩余	123	153	200	272	462	538	597	494	527	525

资料来源：历年《中国统计年鉴》。

但是表 3-2 中的数据并不能充分说明农民可以仅凭个人筹资参加老农保，因为我国农民的收入水平有巨大差异。这种差异性不仅表现在同一地域农民的收入不均，也表现在不同地域农民的收入不平衡。老农保期间，东部地区、中部地区与西部地区农民人均年可支配收入比基本维持在 2.10∶1.33∶1 左右（曹信邦，2012），这一差距使不同地域农民的缴费能力差异较大。

此外，上文中曾经提到，地方政府为了在最短的时间内完成上级的命令，倾向于让农民选择一次性缴费，且缴费额度在 100 元以上。而根据老农保时期农民家庭年平均剩余资金数额，这一缴费标准让大部分农民"吃不消"，访谈中有的农民也提到了这一点：

> 当时条件也不行，拿这个钱真是心疼啊。我当时投那个保（老农保）吃了好几年累，真是不容易啊。（E111-15 黄大爷）

> 当时一月只能挣 500 块钱，村里给补了一半的保费，大家还掏这个钱，也很紧张。（D212-29 吕会计）

总之，农民对制度的需求和认知以及农民的缴费能力约束和形塑制度的演变，直接影响制度的持续有效运行。

四 中央政府、地方政府与农民的关系失衡

上文分析了老农保制度变迁过程中中央政府、地方政府和农民的价值导向、利益格局和资金筹集能力。农村社会养老保险是否能够持续有效运行，主要取决于养老保险基金的筹集和支付。一方面，老农保的资金筹集以个人缴费和集体补助为主，中央政府对制度没有资金支持，仅仅是政策引导和宏观调控。农民的缴费能力有限，部分"集体补助"成为空话。另一方面，老农保收缴的基金以县为单位统一运营，由于监管不到位，甚至有些地方挪用、贪污养老保险基金，老农保基金支付困难。

第三节 主体的多元互动

上一节初步探讨了随着老农保制度的变迁，中央政府、地方政府和农民所呈现的基本特征。然而要深入讨论老农保制度变迁的动力和失败的原因，最根本的是要系统地审视制度变迁中各主体之间的多元互动。下面几对互动关系的研究有助于审视老农保制度变迁的过程和结果，并从中进一步发掘老农保制度失败的原因所在。

一 中央政府与农民的互动

（一）中央政府的财政责任缺位

长期以来，国家制定的关于农民的社会保障制度滞后于城镇居民。国家在工业、城镇的投入回报远远高于在农业、农村的回报。在经济发展水平较低的老农保时期，优先发展工业，优先保障城镇居民的做法是国家基于当时现实情况的选择。老农保制度中，国家对农民的养老保险提倡自我保障和集体保障，如此形成

了中央政府对农民的外部规则。随着经济的发展和社会的转型，农民的养老风险加大，农村社会养老保险制度的缺失影响社会的稳定。老农保制度的变迁过程中，中央政府对农民的责任主要是制度设计、政策宣传和引导等，而缺乏必要的财政支持来激励农民，致使农民的参保积极性不高，养老缴费水平低，无法满足农民长期的养老需求。

（二）农民缺乏利益表达的组织和渠道

社会保障的本质是收入再分配，因此，制度设计和调整过程是各个利益群体博弈的过程。农村社会养老保险制度是为农民的利益而制定的制度，农民的需求和意愿是制度供给的依据。

老农保时期，当农民以微薄的个人能力向强大的政府组织建议时，其影响力微乎其微。地方政府有时不能及时向中央政府如实反映农民的意见，使农民与中央政府无法"直接对话"、表达需求和意愿。农民利益表达的渠道不足，使农民在制度设计和运行中没有太多的话语权，无法参与博弈，使他们对社会养老保险的真正需求不能得到满足。

在老农保制度变迁过程中，农民作为个体对农村社会养老保险制度的认识和需求是"分立的个人知识"，是分散在农民个体中的，不能总结和表达的知识。长期以来，农民没有足够的力量与其他组织共同参与制度设计过程中的博弈，没有太多渠道表达自己的思想，这便是存在于农民群体中心照不宣的"默会知识"。农民的真实需求没有畅通的表达机制和渠道，导致老农保制度的发展得不到广大农民的支持和赞许，甚至怨声载道。

总之，中央政府对老农保制度的财政责任缺位与农民无法表达意愿形成矛盾。二者的互动过程中，中央政府对农民的社会保障政策远远滞后于城市，对老农保制度也仅仅是承担制度设计和宏观调控的职责，从而形成以强制为基础的老农保制度，即外部规则，当制度变迁的主体共同遵守这一外部规则时，就形成了外部秩序。农民虽有自我表达的意愿，但经过成本和利益的衡量，农民大都选择"少说"或"不说"。同时，随着家庭结构、人口结构的变迁，农民对农村社会养老保险的需求在不断增加。农民对社会养老保险的需求和农民表达机制的缺陷共同构成内部规则，促成内部秩序的形成。

二　地方政府与农民的互动

（一）地方政府强制农民参保

20世纪90年代以来，在老农保制度中，地方政府为寻求利益最大化，可能会损害农民的利益。一方面，地方政府能够从制度中获得经济利益。地方政府能够从老农保制度中获取管理费和基金运营的权利，地方政府受经济利益的诱惑，强制农民参保。另一方面，地方政府能够从制度中获得政治利益。政绩考评是上级对下级的考评制度，并且考评偏重数量和经济因素。老农保的参保率和缴费金额都计入考评项目中，而考评结果直接影响到地方政府人员的名誉和前途。省市级政府向下级指派任务，县乡级政府向农民施加压力，地方政府想方设法完成任务，以得到上级的认可和称赞，即使用的是一些强制手段，要求农民参保。

村集体把本该用于农民的集体补助资金给了少数农村中的高收入的人，集体用补助资金作为讨好相对富裕农民的砝码，以完成上级交给的任务，而无视真正需要社会养老保险制度的一般农民的利益需求。

在老农保制度运行中，地方政府为了"保质保量"完成任务，强迫农民参保，不仅不考虑农民的需要，还加重了农民的负担。老农保的成效中掺杂着有些地方政府的瞒报、虚报，强制参保的"水分"。

（二）农民对地方政府产生不信任感

面对地方政府的强制参保，农民内心极为不满，同时又不敢反对，即使提出意见也很难受到重视。中央政府提出的"参保自愿"的原则，层层落实到农民身上却变了味。县乡级政府和村集体的关系最为紧密，矛盾和冲突也最为明显。以下对农民的访谈体现了老农保制度的运行过程中，农民对地方政府的信任危机。

> 我前年开始就领老农保了。我们村里当年没给补，是一次缴的，我给两个儿子每人缴了800（元），当时说到60岁一月能领600（元）；我自己入了7000（元），当时说一月能领300（元），结果现在110（元）。减了这么多，钱都去哪了呢？人家那些入得多的，当时是被动员的，现在钱少了也得有个交代是不是？也不给我们补偿……应该怎么说的就应该怎么兑现承诺。当时不办不行，各村拨（下达）任务，俺村当时上面拨了4000来块钱的任务。……现在大家意见很大。……上面应该查查。缴得多没的也多，我一月现在领110（元），全年1300多（元），按说应该3000来块的，亏了这么多。镇政府说，省里下来人调查过，……但是后来就没下文了。（E111-15黄大爷）

> 当时老农保那就是一个行政命令，你必须完成这个任务。当时根据宣传一月能领300块钱，结果现在就能领100多块钱，全部都下调了。当时说的利息很高，那都是一次性办的，没有年年缴的。打比方说缴6000块钱，说你以后每月领300（元），到真正领就能领1/3。……很多人领钱的时候看着差太大了，要是差得少也不要紧，这一看差太多，就去找上边，我知道就有两拨人去上边上访过。找也找不回来，人家说没办法你又能怎么着，还能怎么办？凭我们老实巴交的老百姓，无能为力。（E111-14石大爷）

> 这个老农保，一开始说好的利率后来都给人减了，大家都有苦说不出，也不知该去找谁，现在有了新农保，也不去追究老的了。（C203-28邢会计）

> 民政主任当时说，老农保的钱随户口迁移，这个可以随时停。当时我觉得还行，放银行也是放，放政府那儿钱还多。

我是 34 岁那年入了 800（元），放了 26 年，按当时的说法我
应该每月领 120 多（元），结果利率一降低，我们折了。……
当时利率很高，当时的政策是利滚利，政府给管理，你的钱
就是你的钱，纯自己的收入，所以投得多亏得多，那也没办
法，只能吃哑巴亏。（D212 - 29 吕会计）

地方政府为保证参保率，利用其掌握的资源和权力强制农民
参保，同时把有限的集体补助资金补助给了村干部、乡村私营企
业主和部分职工、农村义务兵、村医和部分收入高的农民。这种
外部规则引起农民的强烈不满，农民自己的观察和经历使其对地
方政府的信任度大大降低，使干群关系紧张，农民对老农保制度
更加抵触。这一内部规则与外部规则的冲突是导致制度失效的根
本原因之一。

三　中央政府与地方政府的互动

20 世纪 80 年代以后，中央政府的分权改革使地方政府的自由
权更加广泛。在老农保制度建立之初，地方政府的试点经验为中
央政府的决策提供了良好的实践基础，制度建立之后，在中央政
府的引导和推动下，老农保制度在全国范围内广泛开展。但是由
于地方经济发展水平、政治条件、文化传统的差异，老农保制度
在各地实施的效果差别很大。中央政府的制度供给仅仅停留在引
导和调控的范畴，经济条件较差的地区不仅无法对农民进行补助，
还面临"必须完成任务"的难题，地方政府只能将执行政策的压
力转移到农民身上。

在中央政府和地方政府这对互动关系中，中央政府要求地方
政府一方面要维护群众的利益，不能损害群众的利益，保证地方
的稳定和秩序，并合法执政，另一方面又要求地方提高经济发展
水平，以较高的经济发展指标来保证全国的经济发展指标。这两
方面形成了中央政府对地方政府的外部规则，体现在老农保制度

上就形成了正式的外部秩序。

外部规则在客观上迫使地方政府为追求政绩而加重农民的负担。因此，地方政府往往在自上而下地执行政策时，会根据自身的处境和利益关系去处理政策，这就是执行者的自由裁量权（黑尧，2004）。有的地方政府直接截留中央政府对农民的优惠，或者挪用养老保险基金，将之投入到经济发展中，以期提升经济发展速度。这种内部规则与外部规则在实质上是矛盾的，因为地方政府为追求自身的利益使农民的养老风险得不到应有的补偿，违背了中央政府要减轻农民养老负担的最初意图。中央政府在放权的同时，不能对地方政府的执政行为进行有效监督，最终使农民的养老需求得不到满足。

此外，中央政府和地方政府的老农保管理部门不统一，造成了管理机构分散、管理体制混乱的局面。1998 年国家机构改革时，将老农保工作由民政部移交到劳动和社会保障部，但是老农保工作以县为单位管理运营，部分县民政局没能及时完成移交工作。有些地方的民政局认为老农保工作即将移交，无须花太多精力；有些地方的劳动和社会保障部门认为工作未移交就不属于自己的工作范围。所以地方有关部门对劳动和社会保障部指派的工作不积极、不配合，导致部分地区老农保管理工作中断，甚至无人问津。

在中央政府与地方政府的互动中，中央政府对地方政府缺乏必要的监督，致使有些地方出现滥用权力的现象。有些地方甚至盲目追逐政绩，急需得到中央的认可，意图从老农保制度中获取利益、瞒报、虚报各项指标，而不顾农民的真实需要。

四　行政权力与农民的互动

在老农保制度运行的过程中，中央政府和地方政府作为一个整体即政府，和农民之间也存在一定的互动关系。首先，政府以社会养老保险的名义建立老农保制度，却对农民几乎没有补贴，因而，老农保制度缺乏社会性和公平性，以社会保险的名义却用商业保险的模式，名不副实。总的来说，老农保制度的建立和发展是中央政府决策、地方政府执行、农民实践的"自上而下"的方式。其中，政府没有详细探究不同地域、不同收入、不同年龄段的农民对制度的异质性需求。所以政府在老农保制度的实施过程中一味地上级推行下级贯彻，上级提出政策目标，下级执行政策。最终，老农保的经济压力全部积攒在农民身上。

农民对政府的强制性政策有着消极抵触的心理，特别是制度的结果与预想差距很大时，农民对政府的信任程度大大降低。农民对制度的稳定性存在疑虑，怕政策难以兑现，怕制度朝令夕改，怕养老金不足以抵抗养老风险。但尽管如此，由于农民的利益表达机制不健全，农民只能从表面上顺从政府的制度安排，但实际对政府制定和实施的制度持怀疑和反感的态度。

简言之，在老农保实施过程中，政府与农民的互动缺乏有效的沟通和交流。政府没有清晰、透明地向农民解释清楚制度的实质性内容，同时，农民的真实想法没有及时有效地反馈给政府，因而政府也不能根据农民的想法对制度做相应调整。政府与农民的互动陷入"恶性循环"，双方沟通得不及时、不积极是导致制度无法持续的重要原因。

五　地方政府和农民与中央政府的互动

由于分权改革以后，地方政府就从中央政府手中获得了越来越多的独立性。中央政府与地方政府的关系在逐渐转型。地方政府和农民在老农保制度中与中央政府产生互动。

在老农保制度中，中央政府对地方政府和农民没有资金补助，提倡农民的"自我保障"和集体补助。在财政支出方面，1992年老农保实施以前，我国财政用于农村社会养老保障的支出中仅有地方政府对"五保户"的支出能体现出对农村特殊人口的养老保障责任。1992年开始实行农村社会养老保险，在第二章里分析过，制度设计中虽然有"国家给予政策扶持"内容,但始终没有出台具体的扶持政策,在实际执行的过程中政府的财政责任也没有体现。

由于不同地区经济发展水平的差异,中西部大部分地区的集体无法对农民提供补助。中央政府把参保人员的年龄限定在 20~60 周岁,60 周岁及以上的老人是当时最需要养老保障的人群,却被排除在制度之外。因此老农保制度不是真正意义上的社会养老保险,也正因此,1998 年之后,老农保制度进入停滞阶段。

所以,老农保制度变迁中地方政府和农民与中央政府的互动关系是:一方面,农民对制度的需求得不到满足;另一方面,中央政府的制度供给不足,地方政府的政策执行不力。这对矛盾给老农保制度增加了资金筹集的难度,最终无法保证制度的持续性。

六 老农保制度变迁中主体互动的理论分析

在老农保的制度变迁过程中,中央政府、地方政府和农民之间的多元互动体现在两两互动和两者作为一个整体与第三者的互动(如图 3-1)。用制度变迁中的主体互动理论对老农保制度的变迁过程和主体的互动的分析如下。

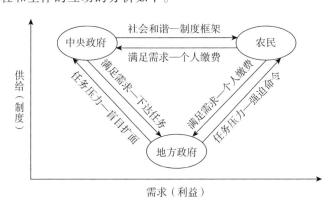

图 3-1 老农保制度变迁中主体的多元互动

（一）老农保制度是二支柱的社会保险结构

老农保制度是以"个人缴费为主、集体补助为辅，国家进行政策扶持"的制度，其资金来源于个人和集体。个人根据收入水平缴费形成的是"第一支柱"，集体根据经济发展水平自愿提供的是"第二支柱"。受经济发展水平不均衡的影响，部分地方和农民的缴费能力有限，因此二支柱的社会养老保险结构不持续、不稳定。

（二）老农保制度变迁中的几对互动关系

在老农保制度变迁的过程中，存在以下几对互动关系：（1）中央政府与农民的互动。中央政府对老农保没有资金支持，造成财政责任缺位；农民没有良好的利益表达机制，无法表达自身的需求。（2）地方政府与农民的互动。地方政府为完成参保任务，强迫农民参保，使农民对地方政府的信任产生危机。（3）中央政府与地方政府的互动。中央政府的各项发展指标通过地方政府来完成，对地方政府执行政策的过程缺乏监督；有些地方政府为完成指标，盲目追求参保目标而不顾农民的切身利益。（4）政府与农民的互动，即中央政府和地方政府作为一个整体与农民的互动。政府以为能够代表农民的利益而强迫农民参保，使农民对老农保制度产生反感情绪，却没有与政府对话的能力和渠道，只有默默顺从政府的制度安排。（5）地方政府和农民与中央政府的互动，即地方政府和农民与中央政府产生互动。地方政府和农民，特别缺乏制度的资金支持，而中央政府在老农保制度中仅仅起到引导和决策的作用，对老农保的供给不足，致使制度缺乏持续性和稳定性。

（三）主体多元互动中的内部规则和外部规则

老农保制度的变迁过程是中央政府、地方政府与农民的博弈过程，存在内部规则和外部规则的冲突与协调，反映了制度供给和需求的矛盾与联系，这是制度变迁的根本动力。

在中央政府、地方政府与农民的互动中，中央政府的外部规则是老农保制度所规定的具体实施方案，服务于中央政府的特定命令，其受益者是农民。而哈耶克认为外部规则的受益者是制定规则的组织。显然，我国老农保制度的实践与哈耶克的外部规则理论是矛盾的，原因在于老农保制度中农民受文化水平和思维方式的制约，很难准确清晰地概括总结自己的需求并向中央政府和地方政府表达。政府自认为可以清楚了解农民的需求，用外部规则来达到要求农民参保的目的。因此，这一过程中必然会出现外部规则与实际需求的冲突，农民对社会养老保险制度的迫切需求和表达机制的欠缺是制度变迁的内部规则。作为"中间者"的地方政府，面对中央政府和农民会分别产生不同的内部规则和外部规则。地方政府在执行中央政府的决策时，追求政绩和地方经济利益是内部规则，当地方政府运用这一规则与农民产生互动时，这一规则就是相对于农民的外部规则。但是，地方政府在具体行动中，出现贪污、挪用基金、强迫农民参保等不恰当的行为方式，从而导致了老农保制度最终停滞。

（四）主体的"知"与"无知"

中央政府、地方政府和农民对知识的运用贯穿在老农保制度的变迁过程之中。中央政府的"分立的个人知识"主要表现在：对当时的经济和社会背景有清楚的认识，有建立农村社会养老保险的意愿，并掌握着制度决策的资源。但是在制度建立的前期，中央政府对"如何建立制度"和"建立怎样的制度"是"无知"的，在老农保制度的发展过程中，中央政府对农民的制度需求和意愿也是"无知"的。地方政府的"分立的个人知识"是：地方政府通过组织农民探索农村社会养老保险的模式，可以为制度的运行提供良好的实践依据；同时，地方政府可以通过与农民的近距离接触，了解农民所需，并反馈给中央政府。农民的"分立的个人知识"即农民自身的生活需求和对老农保制度的评价，是制度是否有效的最有力的证明。中央政府、地方政府与农民的"知"与"无知"都是相对而言的，只有三者共同合作，才能保证制度良好运转。在老农保制度的变迁过程中，中央政府、地方政府和农民没有积极表达、运用、沟通自身的"知识"，使老农保制度中的各种问题得不到有效解决。

（五）初级行动团体和次级行动团体

老农保制度是中央政府预见到农民的利益而建立的制度，因此中央政府是制度的初级行动团体。在中央政府精神的指导下，地方政府和农民配合中央政府完成制度的创新，因此地方政府和农民是次级行动团体。按照诺思的制度变迁理论，农民作为制度的受益者本应首先发现利益并主动寻求创新，但由于历史原因和现实原因，农民不敢创新，也没有资源和渠道创新。中央政府成为农民的"代理人"，为民做主，而农民只有被动接受，这必然会引起中央政府决策与农民需求之间的不平衡。

（六）老农保制度的变迁方式

老农保制度的诞生是与当时特定的经济和社会背景相联系的。经济的发展和社会结构的变化促使中央政府寻求解决农民养老问题的方法。中央政府预见到制度创新的利益并主导老农保制度的变迁，因此老农保制度是强制性变迁。老农保制度的建立经历了试点探索和不断修正的过程，其变迁过程相对平稳，符合渐进式变迁的特征；同时，老农保制度是中央政府首次为解决广大农民养老问题而建立的制度，是从无到有的制度变革，从这个角度看老农保制度的建立有变革式变迁的特征。因此，老农保制度的变迁是由中央政府主导的强制性变迁，同时，又具有渐进式变迁和变革式变迁的特征。

第四节　从互动的视角看老农保停滞的原因

不可否认，老农保制度的建立对经济、社会发展有重要的推动作用。首先，农民对老农保制度有迫切的现实需求。特别是改革开放后，集体经济组织的瓦解、计划生育政策的实施、农业产

业结构调整等所导致的人口结构和家庭结构的变化弱化了传统的
家庭养老保障和土地养老保障功能；农民参与到市场经济中，面
临的经营风险增加。其次，老农保的制度设计有一定的合理性。
通过制度宣传，农民形成了养老的自我保障意识；缴费档次（月
缴费标准为2元、4元、6元、8元、10元、12元、14元、16元、
18元、20元共十个档次）基本能为农民所承受。最后，老农保制
度建立的最重要的意义是：标志着中央政府开始重视农民的养老
问题，使农村养老保障制度体系更加完善。

从中央政府、地方政府和农民多元互动的角度来分析老农保
制度停滞的原因，从本质上发现问题产生的原因，更有助于问题
的解决。老农保制度存在的问题主要有以下几个方面。

一　没有体现社会性

本书第一章在对社会养老保险进行界定时提到，社会养老保
险是由参保者（或其利益关系人）、参保者单位和政府共同筹资形
成社会养老保险基金，用来保障参保者在年老退出劳动力市场后
的基本生活需求的社会保险制度。21世纪以来，经济和社会结构
发生了巨大变化，农民参与到市场经济建设中，一方面，传统的
土地保障和家庭保障功能弱化，经营风险增加，农民的养老问题
面临更大挑战；另一方面，农民可以被视为非正规就业者，没有
固定单位为其养老保险缴费，仅凭农民的自我保障，不足以抵抗
日益加剧的养老风险。所以现代社会保险虽然在一定程度上强调
个人的自我保障，但仍然要体现国家和社会的主要责任，但是老
农保制度没有充分体现社会养老保险的社会性，名不副实，主要
表现在以下几个方面。

（一）老农保的覆盖面窄

"社会保障的目标是追求社会公平，保障全体社会成员的基本
生活需求。"（唐钧，2008）社会保险只有全民化，才能真正起到
社会"稳定器"的作用，才能保证社会保险基金的抗风险能力。

长期以来，全体农民的养老问题一直得不到有效解决，老农保制度的建立虽然在一定程度上分散了农民的养老风险，但是老农保的覆盖面窄，不能满足所有农民年老后的基本生活需求。

一是老农保制度不能对 60 岁及以上的老年人提供养老保障。"基本方案"规定老农保的参保人员[①]的年龄是 20 周岁到 60 周岁，中青年农民可以参保，而制度建立之时最需要养老保险的是 60 周岁及以上的老年农民，他们被排除在制度以外，没有参保的权利。

二是老农保制度未覆盖到经济不发达地区的农民。老农保制度大部分是在"有条件的地方"开展顺利。从全国来看，我国沿海地区的老农保制度实施情况明显好于中西部地区，上海、江苏、山东等地区的覆盖率较高（彭希哲、宋韬，2002），而在大部分经济发展水平较低的中西部地区，老农保制度的开展步履维艰。

（二）老农保的保障水平低

"从社会分配的高度来看，养老保险使用社会保险的方式确保老年人的基本生活。"（唐钧，2012a）农村社会养老保险的目标应该是保障农村老年人的基本生活水平，但是老农保制度没有实现这个目标。

一是缴费标准低。个人缴费是老农保资金筹集的主要来源，老农保制度建立伊始就采用"低档起步，逐步提高"的方式鼓励农民参保，由于收入水平的限制，农民"大都选择 2 元或 4 元低档次标准缴费"（梁春贤、苏永琴，2004）。排除通货膨胀因素，"如果农民缴费十年后领取养老金，可每月领取 4.7 元，缴费十五年后每月可领取 9.9 元"（王国军，2000）。极为有限的养老金不

[①]　老农保规定的保险对象是：市城镇户口、不由国家供应商品粮的农村人口。一般以村为单位确认（包括村办企业职工、私营企业、个体户、外出人员等），组织投保。乡镇企业职工、民办教师、乡镇招聘干部和职工等，可以以乡镇或企业为单位确认，组织投保。少数乡镇因经济或地域等原因，也可以先搞乡镇企业职工的养老保险。外来劳务人员，原则上在其户口所在地参加养老保险。老农保规定的缴纳保险费的年龄为 20 周岁至 60 周岁。领取养老保险金的年龄一般在 60 周岁以后。

足以防范农民的养老风险。此外，中西部"老、少、边、穷"的地区，温饱问题尚未有效解决，农民的经济承受能力低，直接影响保障水平。

二是支付待遇低。管理费的增加、银行利率下调等因素使投保基金不能够保值增值，实际支付的养老金比投保时预计的资金少很多。另外，一些年龄大的农民由于参保时间较短，积累的基金较少，领取的待遇也非常少（刘书鹤，1997）。

（三）政府财政支持不足

老农保虽然强调"政府"扶持，但是对政府具体怎样扶持、在什么程度上扶持都没有明确说明。当村集体的经济实力不强时，老农保的资金筹集只能靠农民的个人缴费。比如，山东省 S 市在《S 市农村社会养老保险试行办法》中规定，集体确实无力补助保险费时，由参保人个人全部缴纳。这样，老农保在本质上就不具有社会保险的特征，完全是农民的个人储蓄的积累，与商业保险大同小异。农民的低收入水平决定了养老保险的低保障水平，没有政府财政支持的激励，农民的参保积极性不高。此外，在中西部经济发展水平较低的地区，中央政府的扶持政策并没有落实到位，反而加大了贫困地区农民的缴费负担。

二　执行过程存在缺陷

由于监督管理机制不完善和追求自身利益最大化等原因，地方政府相关部门在执行制度时不可避免会根据实际情况对制度进行调整。地方政府在制度调整过程中与中央政府的价值取向和意图会产生一定偏差，没有准确地把中央政府的思想转换并贯彻到行动中，制度效果不能令人满意。地方政府在执行过程中的缺陷主要表现在监督管理、制度宣传和基金管理等方面。

（一）监督机制管理不健全

首先，中央政府主管老农保部门的变更使管理机构重叠分散、自成体系、业务交叉杂乱、不统一，造成工作人员态度不积极，老农保制度管理的整体性受到影响。

其次，老农保的基层执行机构设置不健全，从事老农保的专职人员较少，更有很多县乡级政府没有专门人员负责老农保工作，而由民政人员兼管。同时，由于经费不足，工作人员的培训、学习、宣传工作都受到制约，从而进一步影响了老农保工作的全面开展。

再次，管理经费不够。基层农保经办机构的管理费用是从收缴的保险金中按照比例（规定是3%）计提的，因为监督管理不严，经办机构需要的管理费用持续增加，尤其是"1999年中央对老农保进行整顿，县级农保机构出现管理经费不够、宣传费用不足，导致农保工作无法顺利运行"（乔晓春，1998）。为解决管理费用问题，有的地方动用养老基金弥补管理费用，造成基金亏空，加大了基金无法给付的风险。

最后，有些地方出现强制参保的现象。为节约人力、物力资源，尽快"保质保量"完成上级指派的任务，许多地方政府把中央政府"政府积极引导和农民自愿参加"的政策变为强制农民参保。"有的地方对基层工作实行养老保险一票否决制，凡要求县改市、乡改镇，要求扶贫、济贫款和参加双拥评比的农村基层，都必须完成社会养老保险的任务。"（米红，2007）在追求政绩的利益驱使下，很多基层部门采取强制措施强迫农民参保：有的地方强迫村干部、联户组长、党员参保，有的地方直接从村委会工作人员的职务收入中扣除参保金额，有的地方将参保与结婚证、准生证、就业等业务捆绑办理。但是，这样强迫农民参保的方式无法长久维持，当中央政府和地方政府不再重视的时候，农民便不再缴费甚至退保。

（二）制度宣传不到位

地方政府、村集体对老农保制度的宣传和解说，对农民参保的积极性有很大影响，但是很多干部自身对制度的认识就不够。大部分地方干部都把老农保制度与政绩人为地绑定在一起，而没有上升到为农民解决养老问题的高度来认识老农保制度。因此，地方干部在执行制度过程中，很少考虑到农民的切身感受和利益，不尊重农民的意愿和表达，而只追求数量标准和短期利益，在实际工作中缺乏思考，这样很难提高工作热情和积极性。在对农民的宣传过程中，地方政府作为中央政府和农民的中间"桥梁"，应当把中央政策的官方语言转换成农民能听得懂、听得明白的通俗语言，使制度有效地应用于实践，让农民充分了解制度的运行过程并参与其中，这样农民心里才有底，才不会对制度产生惧怕心理。

（三）基金管理存在问题

一是基金的管理缺乏效率和监督。基层有很多村集体的基金"要经过数月才能上交到县级，有的甚至半年之久"（彭希哲、宋韬，2002）。基金长期存放在工作人员手中，势必增加基金被挪用、占用和贪污的风险。多数地区的农保基金由民政部门统揽征收、管理和支付，权力缺乏有效的监督。二是基金无法保值增值。由于没有较好的投资渠道和资源，老农保基金主要存放在银行和购买国债。但是基金以县为统筹单位，在管理和技术上很难实现保值增值。1994 年老农保制度建立之初，银行存款利率和国家债券利率较高，因此中央政府对农民承诺的养老金积累利率为12.0%。后来，由于宏观经济环境的影响，老农保基金的积累利率不断下调，到1999 年时已经降到2.5%（见表3-3）。在对 S 市人力资源和社会保障局的有关领导的访谈中，他们也提及了关于保险金利率下调的问题。

表3-3　老农保基金积累利率和退保时退款利率的调整

单位：%

	1991 年 1 月	1994 年 1 月	1997 年 1 月	1998 年 1 月	1998 年 7 月	1999 年 7 月
养老金积累利率	8.80	12.0	8.80	6.80	5.00	2.50
退保时退款利率	7.50	7.50	7.50	5.60	4.70	2.25

资料来源：转引自卢海元（2009）。

当时为圆满完成上级下达的收缴任务，S 市于 1995 年在全市范围开展了保费的收缴工作。当年制度建立的时候，银行同期缴费计息利率是 12.5%，但是在实际工作中，这个利率随着国家政策的调整不断变化，特别是缴费计息利率大幅度下调以后，影响到参保人员的个人账户积累额度，也就影响了养老保险金的发放额度。从 1996 年起，国家银行存款基准利率不断调整，基本呈降低的趋势，现在（2013 年 1 月）是 3.5%。

笔者了解到，到 2012 年 12 月，S 市老农保有 22118 人参保，个人账户结余额为 2223617.24 元，平均每人只有 100.53 元；领取人员有 2747 人，领取人员中个人账户余额为零的为 331 人；月发放额为 66994.25 元，其中，月领取金额最高的是 764.8 元，最低的为 0.2 元，平均每人领取 24.40 元，这远远不能保障农民的基本生活水平。

在访谈中，参加老农保的农民都认为自己"被忽悠了"。而实际原因大都是利率下调造成的。老农保保险金利率下调造成的基金贬值严重损害了参保农民的预期利益，很多农民因不了解基金利率的调整机制而误以为"少了的钱都被骗走了"。

三　农民对制度存在疑虑

老农保时期，农民实际上是制度的客体，被动地接受中央政府和地方政府的制度安排，而不能自由表达自己的意愿。老农保失败的最主要原因是农民对老农保制度存在疑虑，对农村社会养老保险这一新生事物持观望和怀疑的态度。主要表现在以下几个方面。

（一）农民对老农保制度认识不够

由于自身条件的限制，农民对新生事物的理解和接受较慢。由于老农保时期，地方政府和村干部没有积极耐心地解释、宣传和引导，还强制农民参保的做法让农民对制度产生抵触心理。农民对老农保制度的设计理念和运行机制缺乏了解，"搞不懂政策到底是怎么回事","是不是又是政府在乱摊派、乱集资"（奚从清、鲁志根、胡振产，1996），对社会养老保险的长远意义缺乏认识，是农民不愿参保的重要原因。

（二）农民怀疑政策稳定性

农民对政策缺乏信心，一怕"政策变"。当时，农民的收入不高，负担重。对收入水平不高的农民来讲，老农保要农民从自己手里掏钱，他们不免会产生不安情绪，"怕领导一换，政策一变，自己的钱就打水漂了"。二怕"不兑现"。从缴费到支付养老金的时间间隔久，周期长，基金存在贬值的风险，农民担心政府到期不能兑现承诺。三怕"不合算"。农民会拿老农保与商业保险、银行储蓄作比较，怕把钱投入社会养老保险中不如投入其他渠道"赚得多"。在这些想法的影响下，农民参加老农保并不踊跃。

（三）传统意识影响参保积极性

老农保时期，"养儿防老"和"土地养老"是普遍存在于农民中的传统观念，很多农民认为"养老就指望俺儿子了""老了也没什么要花的，地里的粮食够吃了"。再则，农民对新生事物不感兴趣，缺乏对宏观环境的长远考虑。很多农民认为钱还是"攥在手里最安全"，"眼能见着才放心"，传统保守消费观和储蓄观影响了参保的积极性。

四 法规不健全

在老农保时期，国家一直没有出台相关的法规，各地在执行制度时大都依据中央下发的"方案"，针对地方实践进行调整和修改后，出台地方性的"暂行办法"。地方性法规不能起到提纲挈领的作用，与中央政府的政策方案有一定偏差，关于制度的具体操作全国没有统一的法律程序，在遇到实际问题时没有法律依据，因而降低了老农保制度的规范性、稳定性和效率，使制度不能长久维系。

总之，老农保实践中存在的问题给之后新农保的探索和发展留下了阴影，给新老农保制度的衔接制造了困难。一方面，遗留了沉重的制度成本，加重了政府的财政负担；另一方面，严重打击了农民参加农村社会养老保险的积极性，同时，影响了农民对政府的信任度。

本章小结

1986~2002 年，老农保制度经历了建立、发展和停滞的过程。老农保制度以"个人缴纳为主，集体补助为辅，国家给予政策扶持"的原则，规定 20 周岁到 60 周岁的农村居民可以参保。

在老农保制度变迁的过程中中央政府、地方政府和农民呈现不同的制度主体特征，并在制度变迁过程中产生多元互动。用制度变迁中的主体互动理论分析老农保制度变迁中中央政府、地方政府和农民的互动，可以得出结论：老农保制度的二支柱结构影响制度的持续性和稳定性。老农保制度中中央政府和地方政府是初级行动团体，有悖于制度创新的正常过程。老农保制度的变迁是由中央政府主导的强制性变迁，同时，又具有渐进式变迁和变革式变迁的特征。

通过对制度主体间互动的分析总结老农保存在的问题有：缺乏社会性、执行过程不严、农民存在疑虑和法规不健全等。

第四章　新农保制度的变迁：
主体的多元互动

上一章主要讨论了老农保制度的变迁过程以及中央政府、地方政府和农民的多元互动关系，并分析了老农保制度失败的原因。经过对老农保的清理和整顿，国家总结了老农保制度的得失，并继续探索农村社会养老保险的新道路。本章主要讨论新农保制度的变迁过程，影响新农保制度运行的因素，中央政府、地方政府与农民的多元互动以及新农保存在的问题。

第一节　新农保制度的变迁过程

一　新农保制度的探索（2002～2009 年）

随着 21 世纪的到来，我国社会经济发展的理念逐渐转变。劳动和社会保障部办公厅在《关于印发 2002 年农村养老保险工作安排的通知》中强调："探索建立农村社会养老保险制度，与家庭赡养、土地保障、社区扶持相结合，共同保障农民老年人的基本生活，是适合中国国情和农村实际的现实选择，也是建立社会主义市场经济的客观要求。"2002 年，党的十六大报告将"建立健全社会保障体系"纳入了全面建设小康社会的目标之中，并进一步指出，"有条件的地方，探索建立农村养老、医疗保险和最低生活保障制度"。2003 年 11 月 17 日，时任国务院副总理回良玉批示："建立全国农村社会保障体系既是件十分必要的德政之举，又是件十分重大而又相当繁杂的工作。所提建议请中农办阅研，当前应支持有条件的地方积极探索。"11 月 18 日，时任国务院总理温家宝批示："可在有条件的地方探索，注意总结经验。"① 2006 年，十六届六中全会通过的《中共中央关于构建社会主义和谐社会若干重大问题的决定》，把到 2020 年基本建立覆盖城乡居民的社会保障体系作为构建社会主义和谐社会的重要目标。2007 年，党的十七大报告进一步明确了社会保障制度建设的远景目标："到 2020 年，覆盖城乡居民的社会保障体系基本建立，人人享有基本生活保障。"2008 年，党的十七届三中全会提出"贯彻广覆盖、保基本、多层次、可持续的原则，加强健全农村社会保障体系……按照个人缴费、集体补助、政府补贴相结合的要求，建立新型农村社会养老保险制度。……创造条件探索城乡养老保险制度有效衔接办法"。

其间，各地政府在中央的政策引导下，积极检讨老农保制度中的得与失，农村养老保险工作进入了新的探索阶段。

江苏省苏州市在 2003 年出台了《苏州市农村基本养老保险管理暂行办法》，规定政府对参保的纯农民以 50% 的比例进行补贴，同时要求在企业就业的农民参加城镇职工社会养老保险，实行的是社会统筹与个人账户相结合的"仿城模式"（崔红志，2012）。同时，苏州市加大了财政补贴的力度，按照一般务农人员、享受最低生活保障人员、老年农民这三类标准实行不同的财政补贴标准。

广东东莞市在 2000 年出台了《东莞市农民基本养老保险暂行办法》，这一规定将所有具有东莞户籍且年满 20 周岁、未参加机关事业单位和城镇企业职工社会养老保险的城乡居民都纳入保障范围。保险费由市、镇（区）财政、村（居）委会和个人共同承

---

① 劳动和社会保障部：《关于认真做好当前农村养老保险工作的通知》（劳社部函〔2003〕148 号），2003 年。

担。男满 60 周岁、女满 55 周岁的参保人，只要其直系亲属都参保，不用缴费即可每月领取基础养老金（卢海元，2009）。

山东省青岛市于 2003 年在城阳区探索建立了"小统筹、大账户"、按基数比例缴费、统账结合的农村社会养老保险模式，并在青岛市各区/县根据实际情况，针对失地农民或适龄农民建立了"个人缴费、集体补助和政府财政补贴"的新农保制度（黄燕，2008），各区/县可以根据当地情况合理确定各方保险费分担比例（米红、冯磊，2009）。

北京市在 2004 年初基本确立了新农保制度的模式、原则和基本方法，在大兴区开展试点工作。逐步确立了个人缴费、集体补助与政府补贴相结合的模式，区政府每年拨出部分资金补贴参保农民，明确了政府责任。同时，针对老农保制度保障水平低和待遇给付"终身制"的缺点，北京市实行与农民最低生活保障标准挂钩的新农保待遇调整机制，因而有利于制度的全面推广，增强了制度的可持续性和适应性（王章华，2011）。

这个时期各地在新农保的探索中形成了多种多样的农村社会养老保险模式，一方面明确了政府的责任，加大了政府财政支持的力度，另一方面加大了制度的覆盖面，让越来越多的农民享受到制度带来的利益和成果。各地在探索过程中取得了一些成绩，但也存在一些问题。一是除部分地区的制度探索工作有较大进展外，有很多地区仍处于老农保的停滞阶段。二是农保制度的碎片化严重。各地根据当地实际情况建立的新制度模式不具有普适性，制度的多样化给中央政府的管理和决策带来困难。三是未完全理顺农保管理体制。有六个省（区）、多数地县级有关部门未实现农保工作的职能划转，[①] 缺乏组织保证。四是中央政府对农保工作开

---

① 《劳动部已制订出一套农村社保方案准备上报国务院》，http://futures.money.hexun.com/1042274.shtml，最后访问日期：2019 年 4 月 2 日。

展的范围和程度没有明确规定，地方的探索大都是"摸着石头过河"，没有统一的标准和依据，使地方的农保探索工作受到影响。五是新形势变化和农民的需求与现行制度不能完全顺应。

与此同时，劳动和社会保障部与日本国际协力机构（JICA）合作的试点研究项目为新农保的正式试点工作提供了科学指导和学术意见。"中国农村社会养老保险制度创新与管理规范研究"是2005年10月由科技部批准立项，2006年1月正式实施的日本政府技术援助项目。项目主要研究三方面内容：研究制定符合试点地区实际情况的新农保制度方案、新农保信息系统的开发、新农保管理的人才培养和培训。为便于新农保工作试点的分类指导，项目选取了经济发展水平较高的北京市大兴区、山东省招远市，经济发达地区中相对贫困的山东省菏泽市牡丹、福建省南平市延平区以及国家级贫困县安徽省霍邱县、山西省柳林县、四川省巴中市通江县、云南省南华县8个县/区，开展新农保制度的试点研究工作（卢海元，2009）。

自项目启动开始，有关人员先后召开了十次研讨会，反复论证，为新农保制度的试点方案和工作步骤奠定了理论和实践基础。首先，试点县/区出台了新农保办法。8个试点县/区建立了个人缴费、集体补助和政府补贴的多元化筹资方式，实现了制度的创新。其次，先进的管理信息系统的应用使工作流程实现了专业化，并在其他地区迅速推广。再次，通过培训和赴日学习，提高了农保机构业务人员的专业技术和经办能力。合作试点的研究和实践形成了较为完整的新农保实施方案，探索了多种筹资模式和个人账户基金保值增值的途径，指导、激励农民积极参保，为新农保制度在全国的全面试点起了至关重要的作用。

在这一阶段，中央政府鼓励各地积极探索新农保制度，并总结各地探索的经验，通过有目的性的试点形成了较为完善的新农保制度基本实施方案，为新农保在全国范围的进一步试点做了一系列准备。

二 新农保制度的建立与发展（2009年至今）

2009年9月1日，国务院颁布并实施了《关于开展新型农村社会养老保险试点的指导意见》，决定以"保基本、广覆盖、有弹性、可持续"为基本原则，在全国10%的县市区进行新农保试点，建立起个人缴费、集体补助与政府补贴相结合、基础养老金与个人账户相结合的新农保制度，之后每年逐步扩大试点，到2020年实现全覆盖。以此为标志，各地"新农保"试点工作全面启动，全国各地陆续开展了新型农村社会养老保险的试点工作，中国农村社会养老保险制度建设进入了一个新的发展阶段。

2010年，政府工作报告指出："加快完善覆盖城乡居民的社会保障体系。扎实推进新型农村社会养老保险试点，试点范围扩大到23%的县。"西藏自治区和甘肃、青海、四川、云南四省藏区县，以及新疆南疆三地州及全疆边境县、国家扶贫工作重点县优先纳入国家新农保试点，加上其他省区，新增试点县有518个。2011年，政府工作报告提出"加快健全覆盖城乡居民的社会保障体系。将新型农村社会养老保险试点范围扩大到全国40%的县"。国务院第152次常务会议确定，2011年新农保试点覆盖地区提高至60%的县。2011年6月7日，国务院印发《国务院关于开展城镇居民社会养老保险试点的指导意见》（国发〔2011〕18号）；同年6月20~21日，国务院召开全国城镇居民社会养老保险试点工作部署暨新型农村社会养老保险试点经验交流会议，决定加快新农保试点进度，启动城乡居民社会养老保险（以下简称"城居保"）试点，两项工作同步推进，2011年内覆盖面都达到60%。2011年7月，全国27个省、自治区的1902个县和4个直辖市，新疆生产建设兵团启动城居保试点，新增新农保试点县达1076个。2012年，政府工作报告提出"加快完善社会保障体系，今年年底前实现新型农村社会养老保险'制度全覆盖'"。2012年的十八大报告再次提出："要坚持全覆盖、保基本、多层次、可持续方针，以增强公平性、适应流动性、保证可持续性为重点，全面建成覆盖城乡居民的社会保障体系。"2012年7月，新农保和城居保制度在全国所有县级行政区实施，9月，基本实现两项制度全覆盖。2012年10月12日，国务院召开全国新型农村和城镇居民社会养老保险工作总结表彰大会，全面总结新农保和城居保工作，隆重表彰做出突出贡献的先进单位和个人，标志着我国覆盖城乡居民的社会养老保障体系基本建立，提前完成试点目标任务。

　　通过中央的政策推动和地方的积极实践，新农保制度仅用了5年时间，就于2012年实现了制度全覆盖。截至2011年底，全国有2273个县实施了新农保，新农保参保人数达21100.28万人，中央财政对新农保的补助金额由2009年的10.76亿元增加到2011年的352.06亿元，增长了31.72倍（审计署，2012）。"截至2013年3月底，全国城乡居民参保人数达到4.86亿人，其中领取养老金的老年居民达到1.33亿人，有12个省整合新农保和城居保，制定实施统一的城乡居民养老保险制度，有13个省级和1572个县级行政区提高了基础养老金标准，全国月人均养老金水平78.6元，基金累计结余2504亿元，其中个人账户基金累计结余2200亿元。"[①]2003～2012年新农保的实施情况详见表4-1。

表4-1　2003～2012年新农保实施情况

单位：万人，亿元

	2003年	2004年	2005年	2006年	2007年	2008年	2009年	2010年	2011年	2012年
参保人数	5428	5378	5442	5374	5171	5595	8691	10277	32643	48370
领取人数	198	205	302	355	392	512	1556	2863	8525	13075

---

①　《巩固、完善、提高、推动城乡居民养老保险再上新台阶》，https://wenku.baidu.com/view/5f54fb7d31126edb6f1a10ae.html，最后访问日期：2019年3月28日。

	2003年	2004年	2005年	2006年	2007年	2008年	2009年	2010年	2011年	2012年
支付养老金	15	—	21	30	40	56.8	76	200	588	1150
积累基金	259	285	310	354	412	499	681	423	1199	2302

注：2012 年数据为城乡居民社会养老保险的数据，其中包含城镇居民参保的情况。

资料来源：笔者根据历年《劳动和社会保障事业发展统计公报》整理而得。

三　新农保制度的突破与创新

新农保制度的建立标志着政府责任开始归位，个人缴费、集体补助和政府补贴的多支柱结构使新农保突破了老农保原有的制度框架，以新颖的制度安排覆盖全体农村居民，无论是在理论还是在实践上都具有划时代的历史意义。

（一）新农保的合理性

"评估社会保障制度合理性的基本依据是价值取向和理念、是否与国情相适应、制度的有效性和可持续性等指标。"（郑功成，2002b）新农保制度的合理性可以从以下几个方面得到体现。

1. 价值取向和理念

新农保制度贯彻了"公平正义和普惠共享"（陈仰东，2012）的新理念。中央政府和地方财政对参加新农保的农民给予财政支持，明确了政府的政策引导和财政补贴责任，破除了长期以来养老保险的城乡二元结构，体现了工业反哺农业、城市反哺农村、逐步实现公共服务均等化的价值取向。

2. 与我国经济和社会发展的适应性

新农保制度的构建在扩内需保增长，应对金融危机的背景下还具有特殊的意义。"中国经济发展要实现转型，其重要前提是国民具有稳定的安全预期，而只有很好的社会保障或民生保障才能给全体国民带来普遍的安全感。中国扩大内需的重点在农村，而通过新农保构建覆盖全体农民的老年保障制度，可以免除其养老

的忧患，从而提升其对未来的信心，扩大需求。"（朱俊生，2012）

3. 有效性

中央政府和各地政府都非常重视新农保政策的落实，不仅是做好顶层设计、完善政策，还在政策落实上下足了功夫，如进行专门的人员培训，强化经办服务，加强信息化建设，深入、广泛地开展宣传工作，采用各种措施提高工作效率和农民参保积极性等。在各级政府的努力下，新农保取得了显著成效，绝大多数的试点县（区、市）的参保率都在 90% 以上，制度覆盖率 100%（米红，2012），充分体现了党和政府对农村老年人长期付出的尊重，提升了农村老年人的尊严，改善了农村老年人的养老状态，促进了农村两代或三代家庭的和谐，受到广大农民群众的赞赏。

4. 可持续性

新农保的基金筹集有中央财政兜底，因而能保障老年农民的基本生活水平，基金来源也更有保障。"除中央政府对城乡居民社会养老保险的直补以外，新农保制度设计还要求各级财政对参加新农保个人缴费的农民予以一定比例的补贴，以激励农民多缴费、长缴费。"（林义，2012）从而形成可持续的新农保筹资机制。此外，新农保采取基础养老金和个人账户结合的模式，为实现城乡统一的养老保险制度消除了障碍。

（二）新农保与老农保的对比

与老农保相比，新农保制度更能适应当前的社会经济条件，是农村社会保障制度的突破和创新，具体主要表现在以下方面。

1. 增加中央财政补贴的"零支柱"

老农保制度采取的是个人缴费和集体补助的筹资方式，由于这两方面的资金来源缺乏持久性，老农保制度最终难以为继。而在新农保制度中，中央政府对参保人给予每人每月 55 元的"出口补贴"，并以此作为基础养老金的财政兜底。中央财政负担东部地区基础养老金的一半，负担中西部地区的全部基础养老金。在此基础上，地方财政根据经济发展水平再补贴，农民得到了更多的实惠。

新农保制度比老农保制度的"二支柱"架构增加了一个保障参保者基本生活水平的"零支柱",从而形成三方筹资的"多支柱"制度框架,使制度的运行更加稳定和持续。

2. 新农保受中央的重视程度更高

《县级农村社会养老保险基本方案(试行)》(民办发〔1992〕2号)是民政部下发的部门性政策,中央政府仅是"转发"文件,引导制度实施。而《关于开展新型农村社会养老保险试点的指导意见》(国发〔2009〕32号)是由国务院颁发的更具权威性的文件。

中央政府对新农保的重视程度不仅体现在颁发政策文件的机构,还体现在新农保制度的实施过程和工作力度上。国务院新农保试点《指导意见》明确指出,国务院成立新农保试点工作领导小组,"地方各级人民政府要充分认识开展新农保试点工作的重大意义,将其列入当地经济社会发展规划和年度目标管理考核体系,切实加强组织领导"。从中可以看出,新农保制度受中央的重视程度是老农保制度所不能比的。

3. 新农保实施的群众基础较好

农村社会养老保险的制度变迁过程本质上是中央政府、地方政府与农民的利益博弈过程,农保制度是农民与政府之间的"契约",因此农民对政府的信任程度尤为重要,直接影响农民对制度的预期。通过分析老农保制度变迁中政府和农民的互动过程可以发现,农民对政府承诺的制度效果并不信任,同时老农保以强制为主的实施方式引发农民的抵触心理。进入21世纪以后,随着我国发展理念的改变,取消农业税、实行对农民的直接补贴、新型农村合作医疗和农村最低生活保障制度等各项惠民政策的落实,使政府在农民心目中的威望有了较大提升,农村干群关系比较融洽。在访谈中,农民也流露出对政府的信任:"现在中央重视我们农民了,钱交给政府更放心了"(C111 - 04 孙大爷);"还是国家的这个保险妥实,眼见着老人们都往回领钱了,那肯定就不是骗人的"(D112 - 09 吕大哥);"这才三年,政府就把补助从55元提高到110元，这以后肯定还得涨钱"（E111 - 15 黄大爷）。新农保让农民亲身体会到制度带来的实惠，农民对政府的信任度逐步提升，从而为新农保制度的实施提供了良好的群众基础。

4. 新农保的覆盖范围更大

新农保制度规定60岁及以上的农村居民可以不用缴费，直接领取由政府补贴的基础养老金，只要他们的子女都参保。"这一制度安排与过去相比更加翔实、新颖，突破了多年来阻碍农村养老保险制度进一步发展的资金瓶颈，一个以社会化方式对农村60岁及以上的老人提供资金保障的国家制度终于迈出了关键的一步。"（唐钧，2009）

5. 新农保的制度设计更加人性化

新农保制度规定，60岁及以上的老年农民直接领取基础养老金时，如果子女中有重残的，可以由政府代缴全部或部分保险费。虽然制度中仅提到重残的情况，但是在实际工作中，子女有其他特殊情况的，政府也可以考虑为老年农民代缴保险费。在对镇分管新农保的工作人员和村委会成员的访谈中，他们也提到了这一点：

> 我们会考虑到，有些老人家的子女生活比较困难，比如都是低保户的，村里条件好的就给补缴了，如果村里条件一般，报到镇上来，镇里也可以帮忙解决。（E313 - 26 魏主任）

> 我们村里有两个老人，按说应该子女补缴的我们给通融了一下。一个老人，他孩子是残疾人，平时自己的生活都不能保证，我们给补缴了。另一个是子女在外地，不太管老人，老人生活也很困难，子女没缴，我们也给办上了。村里这种特殊情况的特别少，我们应该帮忙给他们解决困难。（B211 - 27 纪会计）

6. 新农保的基金贬值风险降低

政府补贴个人账户，使资金贬值的风险降低。政策还规定，地方政府每年以30元为下限对个人账户进行补贴，有条件的地方，集体经济还要给予一定补助。这样的制度安排，在一定程度上弥补了参保者个人账户资金贬值的风险，让农民更加明确同样的钱用来投保比存入银行更划算，从而提高了农民参保的积极性。

7. 新农保更加重视舆论宣传工作

《指导意见》中明确提出："各地区和有关部门要坚持正确的舆论导向，运用通俗易懂的宣传方式，加强对试点工作重要意义、基本原则和各项政策的宣传，使这项惠民政策深入人心，引导适龄农民积极参保。"与老农保相比，中央更加重视农民对政策的理解，希望农民在了解政策的基础上自愿参保，比老农保时期更加尊重农民的个人意愿。

（三）新农保制度建立的意义

2011年6月20日，在全国城镇居民社会养老保险试点工作部署暨新型农村社会养老保险试点经验交流会上，时任总理温家宝说，新农保制度是"开创性的重大社会保障制度建设"[①]。新农保制度的建立标志着长期以来中央首次开始动用国家财政解决全体农民的养老问题，使农民老有所依，是一项普惠制的社会保障制度。老年农民享受普惠型的基础养老金不仅是个人的需求和政府应做的，也是农民应有的权利。个人缴费、集体补助、政府补贴相结合的新农保制度，不仅解决了老年人的基本生活保障，而且在一定程度上为年轻子女解决了养老的后顾之忧。这一制度顺应了经济社会发展的需求，弥补了土地保障和家庭保障削弱带来的养老风险，使农民不再为基本的养老问题所束缚，更加安心地去追求个人发展，为刺激消费、拉动内需奠定了基础。

新农保制度的意义还体现在为农民工和所有非正规就业人员的社会养老保险提供了机会和范本。由于涉及地方利益，养老保

---

① 《温家宝：本届政府任内实现两保制度全覆盖》，http://china.cnr.cn/news/201106/t20110621_508120218.html，最后访问日期：2019年4月3日。

险的转移接续问题尚未解决，并且农民工参加职工养老保险无法保证养老金足额到位，所以农民工回农村参加新农保无疑是稳定且持续的解决养老问题的方式。非正规就业人员的社会养老保险完全可以参照新农保制度的框架和模式展开，因为农民本身就是非正规就业人员的一种。

第二节　新农保制度变迁的影响因素

在新农保制度变迁的过程中，中央政府、地方政府和农民的行动能力与群体反应影响着制度变迁的方向和进程。正如诺斯所说，"制度实质上是身处当下环境或场景中的人们对现存规则的反应，即便在不同的场景下或规则发生的瞬间的变化的情境下，个人对其的反应却是一个极其复杂而缓慢的适应过程"（诺斯，2008）。在新农保制度实施过程中，各主体对制度的意识和行为在互动中体现出来，从而作用于制度的变迁过程。

一　中央政府高度重视农民的养老问题

（一）中央的政策目标

新农保制度的变迁过程即中央政策目标逐渐明朗的过程。党的十六大以来，国家提出全面建设小康社会的奋斗目标，努力解决"三农"问题，加快推进社会主义新农村建设，逐步推进基本公共服务均等化，加快推进覆盖城乡居民的社会保障体系建设。在新农保的实施过程中，中央最初决定在部分地区试点时间是十年，政府将要在十年中补助试点地区。但中央在五年时间就达到了制度全覆盖。这一系列行动，体现出中央更加重视农村的民生问题，努力推进地区平衡、城乡一体的价值取向。

（二）中央财政补贴能力和公平性

中央财政在政府补助中主要负责补"出口"。所谓补"出口"就是在新农保养老金待遇给付环节给予财政补助。《指导意见》中规定，政府对符合领取条件的参保人全额支付新农保基础养老金，其中中央财政对中西部地区按中央确定的基础养老金标准给予全额补助，对东部地区给予 50% 的补助，中央确定的基础养老金标准为每人每月 55 元。中央财政对新农保制度补贴的能力和合理性是影响制度变迁的一个重要因素，中央的财政收入能否承受对农民的补贴力度，中央对东部和中西部地区的补贴标准是否公平是下面将要讨论的问题。

1. 中央财政的承受能力

中央财政对新农保补贴的承受能力主要受中央财政收入总量、增长速度、中央对社会保障财政支出的比重等指标的影响。我国中央财政收入总量从 2002 年的 10388.64 亿元（国家统计局，2004）增加到 2012 年的 56175.23 亿元[①]，十多年间中央政府财政收入增长了 440.74%，有能力为新农保提供财政支持。中央财政在社会保障方面的支出比重与经济发达国家相比要低得多，可以调整财政支出结构来增加对新农保的补贴力度。此外，中央财政收入每年的增量较大，2011 年财政收入增量为 8838.85 亿元，而社会保障支出仅占中央财政增量的 5.68%（国家统计局，2013），为保证既有利益群体的利益不受损害，中央完全可以从财政增量中加大对新农保的补贴力度。

2. 中央财政补贴的地区公平性

中央财政负责中西部地区全部的"出口"补贴，这一政策倾斜的效果很明显。总的来说，中西部地区经济发展水平比东部地区低，中央的政策倾斜对建立覆盖全国农村居民的新农保制度具有积极的推动作用。但这一政策也有相对不公平的地方：首先，忽略了东部地区新农保财政补助负担较重的省份，如河北、海南、山东、福建等（薛惠元、王翠琴，2010；曹信邦，2012）；其次，

---

① 《财政部：2012 年中央财政收入增幅低于地方收入》，http://finance.people. com.cn/n/2013/0628/c1004 - 22007010. html，最后访问日期：2019 年 3 月 15 日。

没有考虑到中西部地区内部地方财政实力的差异，采取了一视同仁的做法，对中西部地区财政实力强、负担轻的省份（如山西、内蒙古、重庆）而言，中央财政补助的数额过多，而对中西部地区财政实力弱、负担重的省份（如西藏、贵州、甘肃）而言，中央财政补助的数额过少。这些问题必须尽快解决，否则会导致部分地区地方财政无力补助新农保制度，还可能带来部分地区的攀比，阻碍新农保制度的进一步发展。

综上所述，新农保制度变迁过程中，中央政府的价值导向决定了中央政府更加注重农民和地方的利益和感受，而不是老农保时期的外部规则，"为确保组织协调的命令，通过尽可能地规定其成员的具体活动的方式来全力推进先定的集体目标"（邓正来，1998）。新农保制度中，中央政府认真总结了地方的试点经验，并按地区经济发展水平对农民实行分类补贴，促进了内部规则的发展，使地方和农民在更加自由的环境中实现制度的探索和创新。

二　地方积极探索新制度模式

地方是新农保制度变迁过程中沟通连接中央政府和农民的制度变迁主体。在中央政府的政策引导下，地方经过自发的探索，形成了各具特色的新农保模式，其中，北京模式、宝鸡模式和呼图壁的新农保地方性经验值得借鉴。S市在探索新农保制度中经历了被征地农民社会养老保险的制度创新过程和国家新农保的试点过程，形成了被征地农民社会养老保险和新农保双轨运行的模式。

地方政府和集体的补贴能力决定了新农保制度地方筹资的持久性。地方的执政能力影响新农保制度的实施和运行。

（一）地方新农保的实践经验

在新农保的变迁过程中，各地结合实际探索出各具特色的新农保模式，并形成了新农保的基本政策框架，为新农保的正式建立提供了有效的实践基础和经验。S市在探索建立新农保的过程中有突出的成就，2006年在全省范围内率先建立失地农民养老保险，并于 2007 年被劳动和社会保障部确定为中国政府与欧盟社会保障合作项目——被征地农民养老保险制度建设全国唯一试点单位。S 市以个人缴费、村集体补助和市镇财政补助的缴费方式为新农保制度的研究和发展做出了重要贡献。

1. 北京模式

北京市从 2008 年 1 月 1 日起正式实施北京城乡统一的居民养老保险制度，形成城乡居民养老保险、企业职工基本养老保险、福利养老金和机关事业单位退休金制度新格局，实现了养老保障的全民覆盖。北京市城乡一体、覆盖全民的社会养老保险制度设计理念，有重要的理论与实践参考价值。

北京市社会养老保险制度的创新是从农村开始的。北京市于 2005 年底出台《北京市农村社会养老保险制度建设指导意见》，规定"男 16 周岁至 60 周岁、女 16 周岁至 55 周岁"的有北京户口的农村居民都可以参加养老保险，筹资方式在原来老农保的基础上改为"增加市财政和区县财政对参保农民的补贴"，形成"个人缴费、集体补助和政府补贴"的筹资方式。在此方案基础上，2007年北京市下发了《北京市新型农村社会养老保险试行办法》，提出建立新型农村社会养老保险制度，实行个人账户与基础养老金相结合的养老保险模式，同时颁布《北京市城乡无社会保障老年居民养老保障办法》，使 70 多万名年满 60 周岁及以上的无保障城乡老年人老有所养，每月可以领取 200 元福利性养老金。2008 年，北京市下发了《北京市城乡居民养老保险办法》，凡是未纳入行政事业单位编制管理或不符合参加该市基本养老保险条件的城乡居民，不分户籍性质，全部被纳入全市统一的养老保险体系和老年保障制度，在全国首次将城乡养老保障统一起来（王德文、侯慧，2010）。以上各种制度，加上城乡低保制度和农村五保制度，共同构成了北京市"全覆盖"的养老保障制度。

北京市在城乡一体的社会养老保险的探索中明确了政府的责任，对我国社会养老保险体系的建设有前瞻性的启示，为今后社会养老保险的发展探索出一条开创性的路径，给全国其他省区市提供了参考的模板。但是，北京市较高的经济发展水平和地方财政供给能力决定了北京模式在当地不会造成太大的财政压力。但如果把北京模式照搬到不发达的中西部地区，就会给地方财政增加很大的压力，需要中央政府加大财政支持的力度，才能保证制度的持续运行。

2. 宝鸡模式

作为全国新型农村社会养老保险的试点城市，早在 2006 年宝鸡就开始针对农村居民养老难问题，着手研究建立新型农村社会养老保险制度。2007 年 6 月，宝鸡率先在全省出台了《宝鸡市新型农村社会养老保险试行办法》，从当年 7 月 1 日起开始试点，并首先在麟游、太白的全部乡村及其余 10 县区筛选的 50 个村先行开展试点工作。

宝鸡市新农保的最大创新是采用政府财政缴费补贴（"进口补"）、政府财政养老补贴（"出口补"）的"两头补"补贴模式和激励模式，另外，对高龄老人（72 岁以上）实行高龄养老待遇补贴（"长寿补"），由县级财政预算支付。

宝鸡市新农保采取个人缴费、集体补助、财政补贴相结合的筹资方式。个人年缴费标准设为 100～1000 元不等的 8 个档次，参保人员可以自主选择档次缴费，政府对参保人员给予财政补贴（"进口补"），补贴标准为：按 200 元以下标准缴费者每人每年补贴 30 元，每多交 100 元加 5 元补贴，以此类推。补贴所需资金由省财政承担 50%，市、县（区）财政各承担 25%，分别列入当年财政预算。

宝鸡市新型农村社会养老保险制度将"出口补"确定为 60 元，是按照 2007 年农村最低生活保障标准 50 元的 1.2 倍来确定的，其认为这样比较合理。每月 60 元的固定收入，既可以保障农村居民日常生活最基本的需求，又可以使老年农民经济相对独立，使其在家庭中有地位、有尊严，提升了其生活质量，增加了幸福感，促进了家庭和睦，具有良好的社会效应。"60 元的出口补是政府财政能够承受的，2008 年地方财政收入 23.9 亿元，2012 年制度全覆盖后达到 57.2 亿元。估计领取养老保险待遇人数 25 万人，需政府财政养老补贴（基础养老金）1.8 亿元，占地方财政收入的3%，政府财政是可以承受的。"[1] 2010 年，宝鸡市重新调整了"出口补"，打破了 60 岁及以上农村老人补贴统一为 60 元的局面，而是根据不同的年龄段来确定不同的金额，60～69 岁每人每月 60元，70～79 岁每人每月 70 元，以此类推，90 岁以上 90 元。"这样变更主要是考虑到老人的劳动能力会随着年龄的增加日渐削弱，所以，年龄越大的老人越需要关爱。"[2] 将"出口补"与缴费年限挂钩可为鼓励、引导中青年农村居民早参保、长期缴费，制度规定，45 周岁以下农村居民在参保缴费达到 15 年缴费年限的前提下，每多缴费一年，到领取养老金时，基础养老金每月增加 2 元。

另外，宝鸡市新农保还制定了待遇调整机制。参保人员养老保险待遇水平，可根据经济增长、农村最低生活保障标准和农村居民生活费用价格指数的变化适时调整。

在实践中，新型农村社会养老保险制度确实受到了宝鸡广大农民的欢迎。2009 年，新农保制度在全市范围全面推行，截至2010 年 9 月底，参保人数达到 136.2 万人，其中参保缴费人数102.7 万人，享受待遇人数达到 33.5 万人，全市综合参保率达到89%，取得了良好的效果。2011 年 7 月 1 日，宝鸡市又将"新农保"与"城居保"制度并轨，在全国率先实现了城乡居民养老保险无缝隙、全覆盖、一体化。截至 2012 年 9 月底，宝鸡市参保居

---

① 《青连斌：建立新型农村社会养老保险制度的有益尝试——对陕西省宝鸡市"新农保"试点的调查》，http://society.people.com.cn/GB/11071228.html，最后访问日期：2019 年 4 月 1 日。

② 《宝鸡市新农保政策出现新变化，养老金随着年龄长》，4 月 19 日，http://www.shaanxihrss.gov.cn/Html/2010-4-19/091549.Html，最后访问日期：2010年 4 月 20 日。

民达到 151 万人，参保率达到 99.18%，有近 40 万 60 周岁以上城乡居民每月按时领到了 80 元到 110 元不等的养老金。①

宝鸡市新农保"两头补"的联动补贴模式加大了政府资金的投入，既让地方财政能够承受，又增强了政策的吸引力，充分调动了农村居民参保的积极性。随着经济的增长、人民生活水平的提高，养老待遇也会随之进行相应调整，从而使新农保与经济发展水平挂钩，充分适应社会经济发展的需求。

3. 呼图壁模式

新疆呼图壁县的农村社会养老保险实行"养老保险证质押贷款"的模式，具体是指参保人在急需资金时，可以用自己或他人的"农村养老保险缴费证"作为质押物，按照一定程序到指定的银行办理委托贷款。贷款利率与银行同期贷款利率相同，贷款的额度为养老保险证面值的 90%，贷款期限一般为一年。养老保险证质押贷款款项系农保机构存入银行的农保资金，质押贷款所收的利息专属养老责任金，并完全进入农户个人养老账户长期滚动储备。呼图壁县农村社会养老保险办公室每年年末按委托贷款利息收入的 1.5% 向受托银行一次性付清手续费，受托银行不承担风险。县农保办在质押贷款农户无法归还借款的情况下，可以根据农户要求退保或者用被质押养老证的余款核销顶账（中国社会科学院社会学研究所，2008）。

从 1998 年开始，呼图壁县农保办通过与县里几家国有银行签订"委托贷款"协议，开始了养老保险证质押贷款的有益尝试，但是由于种种原因中途屡次被叫停。直到 2006 年 10 月，呼图壁县农保办重新启动了停滞达 8 年的农保工作，在有条件的乡镇恢复农保保费的收缴业务。新疆呼图壁县的新农保模式使基金规模在 7 年间翻了一番，很好地解决了新农保基金的增值保值问题。

---

① 《宝鸡市城乡居民社会养老保险工作喜获国务院表彰》，http://www.shaanxi. gov.cn/0/1/9/42/132458.htm，最后访问日期：2010 年 4 月 20 日。

"对农民来说，这种方式把存在银行里的养老金变成了随时可以用于发展生产、子女教育、基本医疗等方面的'活钱'"（唐钧，2009），有效解决了农民生产生活中的"大事"，使制度对农民有很大的吸引力。

对于社会保险机构来说，毫无疑问，这种方式解决了农保资金保值增值的问题。1998~2005 年，呼图壁县的农保基金已经翻了一番，从 1000 多万元增加到 2000 多万元，平均每年获利 7% 以上，到 2013 年，农保基金达到 6322.4 万元。[①] 因为保险证上的金额始终大于实际贷款，所以基本上没有风险。经过几年的试验，还没有出现贷款人无法归还借款而要用被质押的保险金额核销顶账的情况。

对于银行来说，由于银行不承担风险，业务成本也很低，所以银行不会产生坏账，没有利益损失。

因此，呼图壁的新农保模式是多方共赢的创新模式，为今后新农保制度的发展趋势提供了新的实践经验。

4. S 市新农保的有益探索

S 市的农村社会养老保险制度起步于被征地农民养老保险制度的建立。S 市在 2009 年底成为国家第一批新农保试点县后，形成了新农保制度和被征地农民社会养老保险双轨运行的机制。2011 年，S 市建立城乡居民社会养老保险制度，并在短时期内实现了制度全覆盖。

早在 2003 年 8 月，S 市政府就提出了"建立全市统一的失地农民利益长效保障机制"的要求，成立了联合调查组，对全市各村庄土地征用状况和村庄集体经济收入情况进行了普查摸底。这为制定被征地农民养老保险有关政策提供了依据。之后结合实际，S 市劳动和社会保障局起草拟定了《S 市被征地农民基本养老保险

[①] 《新疆呼图壁县新农保资金积累额列全疆 56 个试点县市第一》，http://nc. mofcom. gov. cn/articlexw/xw/ dsxw/201305/18509327 _ 1. html，最后访问日期：2013 年 5 月 30 日。

暂行办法（试行）》，同时在部分村庄开展了先期试点。

为实现被征地农民养老保险广覆盖，确定将人均农业用地 0.3 亩以下村庄中 18 周岁及以上的农村人口全部纳入保障范围，并结合库区移民村实际情况，将 15 个库区移民村男年满 60 周岁、女年满 55 周岁的农民也纳入养老保险体系。

S 市被征地农民社会养老保险的个人缴费、村集体补助比较灵活、有弹性，充分考虑农民和村庄经济收入的个体差异，灵活确定个人缴费与村集体补助比例。参保农民选择以当年缴费基数的 6% 为缴纳起点，最高不超过 18%。对参保时男年满 60 周岁、女年满 55 周岁人员的一次性补缴费月数，规定为年龄每增加一周岁，补缴费月数在 180 个月基础上递减 12 个月；村庄可根据村集体的经济状况，选择以当年缴费基数的 0~12% 对参保人员进行补助。个人缴费和村集体补助部分均记入参保人员个人账户。实现了缴费水平与收入水平的联动机制。

此外，为提高有关镇、街道办事处参加被征地农民养老保险的积极性，有效减轻镇级财政负担，S 市合理调整市、镇两级财政补助比例，将市级补助比例由原定的 3% 调高到 5%，镇级补助比例则相应由 3% 降为 1%，确保了一次性补助资金及时足额到位。被征地农民社会养老保险制度的实践为 S 市新农保制度的实施奠定了良好的政策和实践基础，为新农保的地方性创新提供了借鉴。

2009 年 11 月，S 市被国务院批准为全国首批新型农村养老保险试点市。在中央政府和地方政府的引导下，S 市在全国率先实现了城乡居民社会养老保障全覆盖。截至目前，已有 56.1 万城乡居民参保，参保率达 99.5%，累计收缴保费 11.12 亿元，各级财政投入达 4.74 亿元，累计为 19.7 万人次发放养老金 7.7 亿元。①

S 市结合当地的实际情况，在六个方面实现了制度的创新。

---

① 当地政府网站资料。

①在缴费档次方面，除执行国家规定的五个缴费档次外，又增加了 700 元、1000 元、1500 元、2000 元、2500 元五个缴费档次，满足了不同经济条件居民的缴费要求。②在参保方式方面，允许 60 周岁及以上居民一次性补缴养老保险费，使其个人积累的养老费变成终生养老保障。对补缴费困难人员，积极协调银行采取"封闭贷款"的方式缴纳保费，用个人账户养老金还贷，基础养老金正常享受，实现了养老的最大化。③在政府补助方面，无论参保人正常缴费还是一次性补缴，政府都给予每人每年 30 元补贴。仅此一项，地方财政累计投入就达 4942 万元。同时，对符合条件的计划生育人员，由政府在全额支付 110 元基础养老金基础上，再为每人每月加发 10 元基础养老金，目前已累计为 9455 人加发基础养老金 165 万元。④在弱势群体扶助方面，对符合条件的一二级重度残疾人，由政府按 500 元的标准为其代缴不超过 15 年的养老保险费，他们还享受每人每年 30 元的政府缴费补贴。同时积极引导和支持低保、五保、优抚对象参加城乡居民养老保险，确保现有待遇水平只提高不降低。⑤在丧葬补助方面，自 2011 年 1 月 1 日起，已领取城乡居民养老金人员死亡，其指定受益人或法定继承人在其死亡次月的 20 日前，按规定办理养老保险关系注销登记的，一次性发放丧葬补助金 1000 元。⑥在新旧政策衔接方面，实行被征地农民养老保险制度与城乡居民养老保险制度双轨运行，112 个被征地村庄农民，可按两项保险制度规定缴费且享受养老保险待遇。

（二）地方财政支付能力比较

地方财政对新农保的补贴分为两部分："入口补"和"出口补"。所谓"入口补"是在农民缴费时进行相应补贴，即在参保缴费环节给予财政补助。国务院《关于开展新型农村社会养老保险试点的指导意见》中规定："地方政府应当对参保人缴费给予补贴，补贴标准不低于每人每年 30 元；对选择较高档次标准缴费的，可给予适当鼓励，具体标准和办法由省（区、市）人民政府确定；对农村重度残疾人等缴费困难群体，地方政府为其代缴部分或全部最低标准的养老保险费。"所谓"出口补"是对农民领取养老金时的补贴。中央政府确定的最低标准基础养老金〔55 元／（人·月）〕部分，东部地区需要负担 50% 的补助资金，中西部地区地方财政因中央财政全额补助则无须再安排补助资金。另外，《关于开展新型农村社会养老保险试点的指导意见》中还规定："地方政府可以根据实际情况提高基础养老金标准，对于长期缴费的农村居民，可适当加发基础养老金，提高和加发的部分资金由地方政府支出。"

但是，由于中央政府的政策倾斜和地区间的财政供给能力差距较大，新农保的地方财政负担能力不均衡。

为方便计算，笔者以省为单位对 2011 年全国各省份地方政府对新农保的补贴进行了测算，并比较了各省份新农保补贴额占地方财政收入的比重。假设地方财政按照最低补贴标准 30 元对未达到领取待遇年龄参保者进行"入口补"，那么，东部地区 2011 年度对新农保的补贴额 = 东部各地未达到领取待遇年龄的新农保参保人数 × 30 + 东部地区达到领取待遇年龄参保人数 × 55 × 50%，中西部地区 2011 年度对新农保的补贴额 = 中西部各地未达到领取待遇年龄的新农保参保人数 × 30，以此可以计算出 2011 年度各地区地方财政对新农保的补贴额和其占地方政府年财政收入的百分比，计算结果如表 4 - 2 所示。

表 4 - 2　2011 年度地方政府新农保财政补贴负担水平

	参保人数（万人）			地方政府财政对新农保年补贴额（万元）	地方政府财政收入（万元）	地方政府财政年补贴占年收入的比重（%）
	总人数	未达到领取待遇年龄的新农保参保人数	达到领取待遇年龄的新农保参保人数			
全国	32643.5	23721.7	8921.8	1781742	525471100	0.34
东部地区	11592.4	8349.7	3242.7	1320582	313842700	0.42
北京	173.4	151.3	22.1	118320	30062800	0.39
天津	85	18	67	22650	14551300	0.16

续表

	参保人数（万人）			地方政府财政对新农保年补贴额（万元）	地方政府财政收入（万元）	地方政府财政年补贴占年收入的比重（％）
	总人数	未达到领取待遇年龄的新农保参保人数	达到领取待遇年龄的新农保参保人数			
河北	2317.7	1806.4	511.3	222921	17377700	1.28
上海	75.9	36.3	39.6	14157	34298300	0.04
江苏	2060.6	1428.4	632.2	251478	51489100	0.49
浙江	813.1	453	360.1	132423	31508000	0.42
福建	767.2	584.6	182.6	77796	15015100	0.52
辽宁	755.9	542	213.9	86847	26431500	0.33
山东	3546	2557.9	988.1	402810	34559300	1.17
海南	191	147.4	43.6	18810	3401200	0.55
广东	806.6	624.4	182.2	78858	55148400	0.14
中西部地区	21051.1	15372	5679.1	461160	211628400	0.22
安徽	2178	1605.3	572.7	48159	14635600	0.33
吉林	389.5	125.3	264.2	3759	8501000	0.04
黑龙江	279	204.3	74.7	6129	9975500	0.06
江西	1298.7	1009.8	288.9	30294	10534300	0.29
河南	3305.9	2558	747.9	76740	17217600	0.45
湖北	1684.3	1281.4	402.9	38442	15269100	0.25
湖南	2137.2	1520.2	617	45606	15170700	0.30
广西	796.1	520.5	275.6	15615	9477200	0.16
山西	949.5	735.1	214.4	22053	12134300	0.18
内蒙古	290	218.3	71.7	6549	13566700	0.05
重庆	1125.1	777.4	347.7	23322	14883300	0.16
四川	1514.4	891.3	623.1	26739	20447900	0.13
贵州	834.5	523.8	310.7	15714	7730800	0.20
云南	1247.9	994.6	253.3	29838	11111600	0.27
西藏	119.1	99	20.1	2970	547600	0.54
陕西	1277.5	994	283.5	29820	15001800	0.20

续表

	参保人数（万人）			地方政府财政对新农保年补贴额（万元）	地方政府财政收入（万元）	地方政府财政年补贴占年收入的比重（％）
	总人数	未达到领取待遇年龄的新农保参保人数	达到领取待遇年龄的新农保参保人数			
甘肃	781.6	622.5	159.1	18675	4501200	0.41
青海	177	143.9	33.1	4317	1518100	0.28
宁夏	175.1	141.4	33.7	4242	2199800	0.19
新疆	490.6	405.9	84.7	12177	7204300	0.17

资料来源：根据《中国统计年鉴2012》的相关数据整理而得。

　　如表4-2所示，2011年，地方政府财政补贴额占地方财政收入的全国平均比重是0.34％，其中，东部地区的这一平均比重为0.42％，中西部地区的为0.22％，很明显东部地区地方财政所负担的比例比中西部地区高0.20个百分点，各地区的新农保补贴负担水平呈不均衡状态。东部地区的11个省市里，有7个省市的补贴比重超过了全国平均水平，这7个省市是河北（1.28％）、山东（1.17％）、海南（0.55％）、福建（0.52％）、江苏（0.49％）、浙江（0.42％）和北京（0.39％）。除广东外，其他6个省市的补贴比重均超过中西部地区的补贴比重。在中西部地区的20个省市中，只有河南、西藏、甘肃的补贴比重（分别为0.45％、0.54％和0.41％）超过全国平均水平。从地区内部看，各省市的负担水平差距很大，如东部地区中，上海市的占比仅为0.04％，明显低于河北省和山东省。

　　通过以上的分析可以看出，中央财政对中西部地区采取的政策倾斜效果是很明显的，这一政策对建立覆盖全国农村居民的新农保制度具有积极的推动作用。但中央政府的政策倾斜有一定程度的不公平性：首先，忽略了东部地区新农保财政补助负担较重的省份如河北、山东、海南、福建、江苏等；其次，没有考虑到地区内部情况的差异，采取了一视同仁的做法，对中西部地区财政实力强、负担轻的省份而言，中央财政补助的数额过多，对东部地区农业人口比重较高、财政补贴压力较大的地区来说中央政府补贴较少。这些问题必须尽快解决。

（三）地方的执行能力分析

政策执行是"政策制定研究和政策评估之间的重要环节"（黑尧，2004），地方对新农保制度的执行能力直接影响制度的落实。"政策执行过程的考察，必须关注政策的性质、政策执行组织的内外情境，以及政策所要影响的外部世界等。"（黑尧，2004）在老农保制度中，一些地方政府出于财政压力、政绩和地方利益的考虑，不能像政策要求的那样正确实施，甚至是从中获利，导致农民对政策持消极看法和态度。地方在新农保制度的执行过程中，逐渐与农民的利益趋同，能够逐渐重视农民的想法和意愿，以宣传和劝导的方式提高农民对制度的认识，提高农民对政府的信任度。在访谈中，可以看出地方在执行政策过程中的转变和进步，但是也透漏出一些存在的问题。

首先，地方非常重视新农保的政策宣传。新农保推行过程中的外部动员可以提高农民了解新农保的程度，从而有助于农民做出参保决策，在外部动员中，宣传动员力度及适当的宣传动员方式不仅可以向农民提供政策信息，从而有利于其做出理性选择，还可以直接推动农民参保。

试点工作启动以来，我们充分利用电台、电视台、报刊、网络等新闻媒体，开辟专栏、滚动播出，全方位及时跟踪报道；同时，通过举办宣传周、印发宣传手册和公开信、出动宣传车、设立政策咨询台等多种形式，把政策讲明、道理讲清、意义讲透，特别针对群众怕吃亏的思想和种种顾虑，组织镇村干部深入基层，进村入户，采取个别座谈、现身说法、典型引导等多种形式，把工作做到每户农民的家中，帮助群众算账对比，对他们提出的疑难问题耐心细致地讲解。使群

众真正清楚明白相关政策和办事流程，做到家喻户晓，激发城乡居民的参保积极性。（S 市人力资源和社会保障局局长）

农民对新农保制度的了解都来自地方政府和村委会的宣传，这在充分尊重农民意愿的基础上提高了农民对制度的认识。

> 最早知道农保政策是当时政府来开会，谁爱入就入，后来，村会计在广播上播一下，不明白的就去村办公室问问，明白政策了才知道这个制度真是好。……当时电视上天天播，多看看也能看明白。（E111 – 15 黄大爷）
>
> 参加农保是当时村里过来宣传的，联户组长过来说说，一条街几十户为一组，统一发了一张表。组长先跟我们说说好处，什么年龄缴多少钱、领多少钱。我们就知道了这个新农保是很划算的，特别是像我这样可以直接领钱的，谁不参加谁吃亏啊。（E101 – 13 杨大妈）

其次，地方的管理运营能力有所提高。基金的管理运营和信息平台的建设是制度有效落实的重要保证，S 市人力资源和社会保障局领导与经办机构负责人员在访谈中介绍了 S 市在执行新农保制度中所做出的努力，其中的成功经验值得借鉴。

在基金管理方面，S 市在推行新农保的过程中，充分认识到基金管理的重要性，并将其作为新农保工作中首要的关键性问题。

基金管理涉及参保人员的切身利益，是老百姓们关注的焦点问题，基金管理得好坏直接影响制度的运行状况。所以机构要本着对广大城乡居民高度负责的态度，切实管理好、使用好保险基金。一是严格遵守申报领取过程。对达到领取年龄的参保人员，要求提前一个月到村（居）委会办理养老金领取登记手续，张榜公示后于每月 10 日前报镇经办机构审核，镇经办机构每月 20 日前报市经办机构审批。二是把好联动核实这一关。村（居）委会每月初将上月领取人员死亡及服刑情况报镇经办机构，由镇经办机构审核汇总后报市经办机构；市公安局、民政局、法院于每月初将相关情况抄送市经办机构，市经办机构及时做出处理，避免冒领虚领现象发生。三是把好复核审查的关。镇经办机构每年3月对养老金领取人员进行一次领取资格认证，市经办机构对全市10%的村（居）进行抽查。对于因上报审核不及时、不准确，造成虚领、冒领养老金的经办单位或人员，由责任单位、责任人负责追回或赔偿损失。四是把好基金监督关。将城乡居民社会养老保险基金纳入社会保险基金财政专户，由人社、财政、监察、审计等部门全程监督，实行收支"两条线"管理。保费收缴、养老金发放都是通过银行专用存折，实现了基金"网上流、银行走"的管理模式，从制度上杜绝和预防了基金流失，并在全国率先建立了由市纪委监察局对城乡居民社会养老保险基金运行情况进行全程监督电子监控系统，确保基金运行规范、安全。①

在信息平台建设方面，自2010年3月起，S市与青岛农商银行S市支行联合开发了能与国家"核心三版"对接的过渡性信息系统和供村庄群众参保登记使用的单机版，于2010年6月21日正式启用。借助信息管理系统平台，完成了1101个村（居）的信息录入、保费收缴及待遇发放工作，正确率达100%。为不断满足工作需求，先后投入130余万元完善信息管理系统，为进一步改善农村支付环境、提高农村地区金融服务水平，青岛农商银行S市支行全面加快农村地区自助机具布设，目前已建立起了以POS机、ATM机、农金通为主体的多层次、多元化的支付服务渠道。POS机布设达到790台、ATM机达到51台、农金通农民自助终端达到138台，金融服务机具乡镇覆盖率已达到80%，2010年底基本实现全覆盖，为青岛市城乡居民社会养老保险全覆盖工作提供了技

---

① 根据对S市人力资源和社会保障局局长的访谈整理。

术支持。①

在信息管理方面，S市建立动态信息管理制度，全方位为居民提供服务。

> ……我们建立了全市参保及领取人员动态信息台账，详细登记居民的姓名、身份证号、住址、联系方式这些基本信息。做到事前对接、沟通，办事程序前移，提高了效率、降低了差错率。对体弱病残人员，我们要求各级经办机构人员主动上门服务；在领取资格审查期间，为年老行动不便的领取人员及时提供登门服务，带动和保护城乡居民的参保积极性。（S市农村社会养老保险经办机构管理人员）

最后，经办人员的政策业务水平和服务能力影响农民对新农保制度的知晓程度和参保的积极性。S市成立了5个专门培训组，分别到全市23个镇（街道）举办了政策业务培训班，和镇、村两级经办人员面对面地讲解城乡居民社会养老保险政策，耐心细致地答复经办人员和群众提出的疑难问题。成立7个城乡居民社会养老保险工作督导组，由人社局党委成员带队，对各镇（街道）的政策宣传和发动工作进行督查指导，并走访了解群众对政策的知晓率和认同度。经办人员业务水平和服务能力的提高为新农保制度的运行奠定了基础。

对S市新农保管理经办机构的创新和努力，农民认为每月都能及时领到钱，非常方便快捷。

> 每年都能领2700~2800（元），我每月都去领，都能到账，月底去领都很及时。村里离银行很近，都挺方便的。投保多了，业务大了，一到年底他们银行里的人都是轮流吃饭，

---

① 引自《S市新型城乡居民社会养老保险试点工作情况汇报》，2011年10月。

这样中午也能办业务，这一块挺好的。(E111 - 15 黄大爷)

我每个月都去领钱，现在在提款机上就能提出来，村里多安了不少提款机，方便得很。(E111 - 19 杨大爷)

总之，新农保的地方性模式丰富了新农保制度的形式和内容。与老农保制度时期中央政府以投保数量为衡量标准的过度强制的外部规则相比，地方政府的新农保探索是在中央政府的政策框架下进行的适度的自生自发的制度创新活动。地方政府在制度变迁中产生内部规则并形成自生自发秩序，不仅实现了农保制度的创新，而且促进了外部规则稳定、持续地发展。中央政府对地方财政补贴的政策倾斜效果显著，但可能会引起一定程度的不公平。地方作为连接中央政府和地方政府的"在场者"，其执行能力对新农保制度的变迁有重要影响。

三 农民对新农保制度有切实需求

农民是新农保制度的需求者，虽然相比较而言理论水平不高，但是农民对政策的切身体验和效果评价是最有发言权的。农民对制度的认知和评价建立在农民自身特点的基础上。农民的缴费能力和参保意愿决定了新农保个人缴费的筹资来源。

（一）农民对新农保制度的评价

与过去老农保制度相比，农民对新农保制度的评价较高，对制度有着积极的心理感受。在访谈中，农民对新农保制度的评价充分体现了新农保的实践意义。主要表现在以下几个方面。

1. 提高了老年农民的生活水平

已领到养老金的老年农民纷纷表示，每月领到的养老金提高了他们的生活水平，是每月生活开支的重要部分。

一月能领300来块钱，新老农保分开领，打在两个卡上，这两个合起来一月350来块钱，对生活帮助很大！解决个油盐

酱醋什么的，农村咱要求也不高，觉得很好了。(E111 – 15 黄大爷)

自从领了养老金，我们的生活质量真是提高了，真是打心眼里感谢党，共产党给的钱比养个儿子都强，儿子从来没给过这么多的钱。两个儿子在村里的收入还属于中等的，每月给我 50 元养老费。去年 (2011 年) 取出积蓄的 2000 多元，儿子又资助 2000 元，在院子南边盖了一间平房，还把厕所改造了一下，安了太阳能热水器，能洗澡了，去掉了以前的大粪坑，幸亏有党给的养老钱，对我们帮助真是太大了。每月去取钱的时候别提多高兴了，生活更有盼头了。(D111 – 10 张大爷)

这六年来，我得在家看孙子，也没有时间打点工挣个钱。我老伴每月工资 2000 元，但每月单位只发 800 元生活费，其余年底才发。我儿子也没有固定工作单位，经常换，挣钱较少，前年 (2010 年) 上班的时候三个手指被机器打掉了，给评了个八级伤残，一年多没工作，还经常跟我要零花钱，我儿媳挣的钱只能负担孙子的花销，我这生活过得的确困难。自从领到这个养老金，明显感到手里头有点钱了。加上失地保险，一共每个月 200 多 (元)，虽然说钱不算多，但能应急，交水电费、头疼脑热的问题都能解决，对改善生活也有帮助，真的很感激党的这个政策。(A101 – 02 黄大妈)

2. 维护了农村老年人的尊严

随着土地养老保障和家庭养老保障功能的弱化，农村老年人传统的尊严和权威也受到挑战。新农保制度使农民能够每月领到养老金，有助于提升老年农民的个人尊严，增强他们生活的积极性。

有了这个钱对我们帮助真的太大了，虽然也是女儿帮我们补缴的，但是国家还给补贴了一块，像我们现在都没有收入，有这个钱就像以前领工资一样，每月都有个盼头。手里有个零花钱心里也舒服，平时买个烟抽抽，不用动不动就跟孩子要钱了。真的是感谢政府，感谢共产党，我们一定得好好活，多活一天多沾一天政府的光（笑）。（E111-17 韩大爷）

现在唯一的收入就是这个养老钱了，我每个月都让孩子去给我提出来，每个月到了时候就能拿到这个钱，先不说多少，心里真是乐得没法形容，觉得我们老人也能每月开点儿钱，很有面子。（E101-20 李大娘）

3. 有助于缓和家庭矛盾

过去农村的家庭矛盾主要来源于经济问题，年轻人不养老的现象时有发生，家庭矛盾频频出现。农民认为"以前家里人打架都是打穷架"，现在老年农民有了养老金，缓解了子女的赡养负担，进而减少了家庭矛盾的发生。

我母亲今年65（岁），补上37500（元），每月408（元），政府给补55（元）的时候每月能开368元，我们给老人拿了一部分。家里就一个女老的，之前没参加保险没有收入，弟兄两个，一月200块钱给老人。现在我们给她钱她都不要了，说自己每月开钱了，当了一辈子家庭妇女，终于过上了领钱的日子。每月23号左右，自己去提就行了，老人自己高兴就行了，自己单独过着。我们这家庭条件好，那些家庭条件不好的这钱起了大作用了。以前婆媳关系什么的都改善了。（C113-05 于大哥）

老人真是感受到好处了，他们感受深，儿子都没有（给他们）那么多钱，国家能给他们。以前家里孩子多的老人，弟兄之间都有为养老人打仗的，还有的闹翻了都不上门了。现在国家管着老人，从55元涨到110元了，涨了这么多，让老人（感到）很有希望，都盼着再涨涨。以前为了养老钱经

常有打仗的，现在真是少了。（D112-09 吕大哥）

4. 有助于培养农民积极的生活态度

新农保明确了政府责任，中央政府提供基础养老金从而保障了农民的基本生活水平。农民纷纷表示，新农保制度的实施说明中央政府更加重视农民了，以后的生活会更有希望、更有动力。

老人没给他缴，人家规定说是一个户头的老人的不用拿钱，孩子们办了（新农保）就行，跟这两个老人说他们每月能拿这个钱，他们知道了以后很兴奋，不交钱还每月领钱这么好的事能不高兴吗？俩老人一想到这个就说生活越来越好了，要多活几年。（E102-22 朱大姐）

我公公婆婆经常说，现在有养老金这么领着真是能活几年活几年，"政府管着咱了，咱以后也跟城里人一样了"。政府给的这个钱是好，我们要求也不能太高，有总比没有好。（E103-18 杨大姐）

农保这块给老人多好，给子女减轻了很多负担，能轻松点儿，再加上平时过年过节，村里米面油都给。以前靠儿子给点儿，现在国家对咱待遇这么好，咱得使劲活，真高兴。夏天太热我就不自己蒸馒头了，买粮食吃，1块钱的干粮吃一天。上级待遇没有的时候咱也照样活得挺好的，现在白赚这么多，多好啊。（E101-20 李大娘）

农民听说要涨到110（元）了，都很高兴，比起上面的生活水平虽然有差距，但是农民自己觉得已经很好了。以前一个子女给30块一个月，有了这个农保比养个儿强。（C203-28 邢会计）

我们村260来户人家，老人领上养老金，相对来说家庭纠纷也少了，以前养老的也就是一月10块，三个儿一月也就30（元），现在一月110（元）。现在每五天逢集，一个集花个十块八块，愿意买小点心买小点心，愿意买小橘子就买小橘子，鸡蛋现在4块钱一斤，就相当于一天一斤鸡蛋，五天两斤鸡蛋就够了。白菜不用买，麦子咱家有。国家这个政策真比两三个儿供养一个老人强多了。这块是农民最受益了，农民没有退休金，能干活就干不能干就挣不着吃了，现在能干不能干国家都给退休金，确实是好。咱村70岁以上的干活的有很多，享受这块待遇再自己悠着点儿干着，生活真是挺好的。咱村里以前孝顺的儿女一月一个人也有给老人超过50元的，但那个老人脾气挺怪的，就告诉他儿子说"我把地给你了，你就给我这么点儿钱"，很少这样的，一般就是10块20块的。一般一月就是10块钱。一年给100块就差不多了。老人在街上说拿这个钱比养儿强，这是真心话，连咱也承认，咱都拿不了这么多钱，咱还有收入少生活不好的时候呢，哪有那么多钱给老人？（D212-29吕会计）

我收入主要靠自己种点儿粮、菜，我小女儿给点儿零花钱维持生活，三个儿子都没有给我生活费。我前些年问他们三个要每个月10块钱的生活费，从来也没给过我。就只有四个女儿常回家看看我，送点生活用品。2006年的时候我76岁，村里给办了失地农民养老保险。当时一次性补缴1500元每月能领100块，现在提高到127块。2009年我又参加了新农保，每月领55块，现在也涨到110块钱了。这些钱对我的帮助太大了，每月两百多块钱，日子过得比以前好多了。再也不用求着儿子给我钱花，也省得生气。我最近自己买了一辆电动车，常去市场上买点菜、肉改善改善生活。我是从内心感谢党和政府的，政府对咱比我那三个儿子都强，真是没有共产党，就没有今天的好生活，我觉得很知足、很幸福了。我现在身体还比较健康，80多岁的人了，前几年没有这个养老钱的时候，日子苦得有时候都不想活这么大岁数了，现在不一样了，我得活得好好的，多拿点儿钱，好好吃好好锻炼，

多享几年福。（A111 - 01 盛大爷）

　　老百姓很满意，一个人住或者老两口住的一人一月能领300（元），两人600（元），最起码有个盼头，这个钱也不拖欠，到时候拿着折子到信用社去提就行了，现在农保都给打折上，每月都打。（B211 - 27 纪会计）

（二）农民的生活现状与制度需求

农民对制度的需求状况影响制度变迁的方向，新农保制度的保障水平是否能够保障农民的基本生活是制度变迁的重要动力机制。农民们大都表示，如果没有大事情发生，目前的养老金基本够花。但是一旦有疾病、教育和生产成本的考虑，老人们的这点钱肯定是不够的。

　　我的身体还挺好的，没什么大问题，如果不生什么大病，按现在的收入，平时应该够花了。正常情况下没什么问题，再说现在农村条件也比以前好太多了，得知道知足。（E111 - 15 黄大爷）

　　我们老两口的粮、油、菜都自种自给，每月领的钱主要就是买鱼、肉这些副食品改善生活，平时有点儿头疼感冒的小病也有钱买药。（D111 - 10 张大爷）

　　有些经济条件好的，有些不好的，还有一个家庭和谐的一个样，不和谐的又是一个样，不和谐怎么办？最起码咱才算的那个账，老人基本上都够了，好的吃点儿好的，不好的吃点儿小馒头都够了，吃个小馒头是没有问题，当然想吃个大肉大鱼就不行了。（B211 - 27 纪会计）

没有缴费直接领取养老金待遇的老人们表示，现在物价飞涨，每月55元肯定不够。

这时候的生活光指着保险是不行的，还得自己挣几个啊。保险一月领个不到 200 块钱，面贵菜也贵，人家入个钱贵的可能够使，像隔壁人家入了 3 万来块钱的，那肯定就够了。如今什么都贵，200 块钱真是买不起。（E101 - 13 杨大妈）

农民普遍反映，老年人的身体经常不好，就医的费用是老年人的主要花销，在这方面养老金没有太大的作用。

这个钱两三个月一提。这个钱老人自己吃点儿花点儿是够了，别有什么病还行。老太太一个月吃药不断，老头老太太常年吃药。（E102 - 22 朱大姐）

一个月花的钱，有多就多花，有少就少花。我老伴有病，光这七八千都不算什么，她有点儿供血不足，头总是发晕。生活还是很艰苦的。（E111 - 19 杨大爷）

钱不够使，就怕得病，现在身体还没恢复好，我心里有数，还得继续治疗，如果没有这个的话，生活就够了。钱怎么花不是花，生活好一个样，生活差一个样，但是我就觉得能吃饱就行了，不要求别的，身体健康干什么都行。（C111 - 04 孙大爷）

有的农民认为，当遇到大事的时候养老金不够花，比如生产成本、教育费用很高，不能只靠养老金，还得靠别的渠道。

但是要是遇到什么大事，还得指着儿女，这个钱也就是个零花钱。一个集花个 30 多块钱，生活也不错。我们家光肥料一年就七八千，加上种子也得万数块钱。孩子上大学一年也得 2 万多。（D112 - 09 吕大哥）

老年农民的传统思想根深蒂固，部分老年农民的养老金不舍得花，想留给下一代。

> 新农保110块钱对我的帮助很大，因为我平时很节俭，我自己种地有点儿收入，我都不舍得花，以后就留着给儿子给孙子，老人还是得为下一代人考虑，他们也有难处。为下一代省钱。心里觉得还是不要给小孩添麻烦，还得替他们着想，我也不会花钱，逢五天赶个集，我说我不去，就是不舍得花，节约为本。我是老人，心就想要是能有钱多缴几个就好了，现在能领的就更多了。不过我们书记也劝我，老人还是得让着小的，得看他们的生活情况。（C111-04孙大爷）

从以上的访谈资料可以看出，农民普遍反映在自己种粮食、不生病不吃药、没有大事的前提下，养老金是基本够花的。但显然，这种情况还是少数，当前的养老金水平对大部分农民来说是偏低的。

（三）农民对新农保的认识

农民对新农保制度的认识水平，决定了他们对制度性质的理解程度。新农保中，政府提供基础养老金这一制度创新对农民十分有利，但是农民是否能够对制度产生的利益有良好的预期、农民对制度的稳定性和持续性如何看待等问题都影响制度未来的走向。在调查过程中，大部分农民对新农保制度的缴费和待遇有所了解，但是对于新农保的制度运行机制、管理模式、制度衔接等了解不多。由于农民自身的知识限制和地方的宣传不到位，很多农民对政策一知半解，模棱两可，仅仅是盲目跟风，并不知道制度真正的机理和运作方式。如果在制度中有矛盾产生，农民必然还是不理解。部分农民认为这些问题比较复杂，没有耐心去了解，知道要缴多少，能拿多少就可以了，甚至把商业保险与新农保混为一谈。

> 职工养老保险今天在村里听课（宣传），他们说一个人一年4000来块，地保就停了，到时候一个月能拿1000来块。我听也听不明白，我就没去。一开始缴的地保是301（元）一年，去年（2011年）涨到624（元）一年，转到职工这儿的话很合算。这些政策都太复杂了，都学不会，就人家怎么缴俺就怎么缴。商业保险也不知道可不可以转过来，要是都能在一块就方便了。（E102 - 22 朱大姐）

> 我当时去全程办问的，说是前两年的失地和现在的新农保合在一起了，说实话，政策这种东西虽然说是给我们老百姓定的，但是我们自己对那些细致的东西没那么多精力去了解，只要知道自己能得到多少好处就行，别的也不是太关心。（E103 - 18 杨大姐）

对新农保制度比较关心的农民常常通过媒体了解制度的新发展，对将来的待遇有良好的期待。

> 得根据情况，条件好的多入，中央政府给补一块，都知道是好事。去年（2011年）7月1日满60岁的一月就能领110元了，等十八大开了，中央政府是不是也得给咱加加（笑）。（E111 - 15 黄大爷）

对于新农保捆绑机制的认识，农民们形成两种不同的态度：有的农民认为捆绑政策不合理，子女和父母的参保权利捆绑在一起，限制了农民自己的参保自由。

> 关于捆绑政策，我们觉得不太合理，因为家里现在都急着用钱，如果不是为了让老人享受这块待遇我们不会入的。（E103 - 21 穆大姐）

> 关于捆绑政策，我觉得应该取消了，因为参不参保是个

人的事情，上面总是让干这个干那个，我们都没有自由。我们做老人的都不愿意连累孩子，能给他们减轻负担就最好，他们能省下投保的钱干别的，那也是他们的事情。我老伴觉得孩子们都得因为她而入保是给孩子们添麻烦。(E111 - 15 黄大爷)

有的农民认为，捆绑政策是权利与义务的对等，当国家免费为农民提供养老金时，农民也应该相应地付出一点儿义务，况且总体来看参保的农民还是有可得利益的。

> 我认为这个政策也行，毕竟国家给养老了，给孩子们省了不少钱，孩子们也应该相应地为我们付出一点儿，不然这父母子女的还叫一家人吗。再说，这钱也不是给我们，是他们自己留着，是好事。(E101 - 13 杨大妈)
>
> 关于捆绑政策，上面有这么个政策也对，老人不能白拿政府的钱，我们当儿女的应该给分担点儿，本来政府帮我们养老，已经减轻我们的负担了。再说这个钱我们自己缴了最后还是我们自己拿，没什么不好的。(E102 - 22 朱大姐)
>
> 关于捆绑政策，我觉得无所谓，因为能拿这个钱让老人享受养老金自己觉得心甘情愿，总归是赚了。(D112 - 09 吕大哥)
>
> 我 2009 年的时候参加了村委会(老人把新农保称为村委会的，因为很多事需通过村委会办——笔者注)的新农保，每月领 55 元钱。领了将近一年的时候，镇政府的人告诉我们："孩子们必须参保，我们才能享受每月 55 元养老金。"我这些孩子只有 42 岁的小儿子什么保险也没有参加，知道这事以后也参保了。我们觉得政府这规定也没什么，反正我们不吃亏，孩子之前是不相信政府，现在看着我们领钱了也不说什么了。(D111 - 10 张大爷)

农保这块也有一个规定,整个一个家庭,别光国家给你啊,你也要投入点儿,这样你的后顾之忧就能解决了。60岁以上的老人要领钱子女必须参保,国家想的是很全面的。(B211-27纪会计)

(四) 农民的缴费能力

农民的缴费能力主要取决于农民的收入水平。新农保政策的门槛较低,近年来农民的人均纯收入呈稳步上升的态势,因此,农民的缴费能力基本不成问题。

如表4-3所示,笔者根据S市2011年农民纯收入水平的不同,将S市的镇(街道)平均分为三类,其中收入水平最高的为一类镇(街道),次高的为二类镇(街道),最低的为三类镇(街道)。从表4-3中的数据可以发现,不同收入水平的农民选择低档次缴费的比例差别并不大,因此,按照目前的收入水平,农民有能力选择低档次缴费。但是,为什么农民大都选择低档次缴费是值得研究的问题。

表4-3 按收入水平划分的不同镇(街道)的农民的缴费档次占比

单位:%

	100元	200元	300元	400元	500元	700元	1000元	1500元	2000元	2500元
一类镇(街道)	69.89	4.28	8.46	0.83	5.28	1.16	3.02	5.07	0.2	1.8
二类镇(街道)	73.84	7.14	2.63	0.3	7.29	0.37	3.28	4.12	0.12	0.91
三类镇(街道)	74.89	6.62	1.52	0.28	7.07	0.38	3.47	4.54	0.15	1.08
全市	73.09	6.18	3.9	0.4	6.7	0.6	3.3	4.5	0.15	1.2

资料来源:根据山东省S市2011年新农保缴费档次表整理而得。

(五) 农民的参保意愿分析

农民的参保意愿对新农保制度的成效有参考性价值,同时,农民的参保意愿在一定程度上能反映出制度运行中存在的问题。农民的参保决策是在当前收入预算约束下，对参保的成本与收益进行衡量后做出的。通过访谈发现农民大都选择低档次缴费，选择高档次缴费的大都是将要领取养老金的老年农民。农民的参保意愿主要受养老金流动性、农民自身特点、对制度稳定性的预期、激励机制、捆绑机制、干群关系和制度转移接续等因素的影响。

1. 养老金流动性受限的影响

调查中发现中青年农民大都选择低档次的缴费水平进行缴费，原因是他们认为参保缴的费用一直存在银行里，到 60 岁以后才能享受待遇，当生活中遇到紧急事情的时候不能像银行储蓄一样马上取用，养老金的流动性受限使农民不愿投入太多资金。

> 我第一次缴了 500（元），后来改成 100（元）了，我想等最后那一年 59（岁）的时候再改成高档次的，到时候多拿几个钱就行了。也可以补办，有不少人是这么打算的，因为现在这个钱存进去就不能随便用了，万一家里有点儿事情也拿不出这个钱来，白白放在里面。但是今年（2012 年）说政策改了，不让补缴了，不知道是不是政府看着咱们都缴 100（元）的影响不好呢。（D112 - 09 吕大哥）

子女教育的费用是一笔大的花销，有的农民表示，养老金要等 60 岁以后才能取，但这期间孩子上学的花销很大，没有更多的钱投保。养老金的流动性与农民的现实需求形成了矛盾。

> 我们三口家入的是 100 元的，都供孩子上学，就想等以后有钱了再多入。大女儿上大学从小到大花了将近 20 万（元），在烟台学美术，一年就花 3 万多（元），现在实习去了。她高中就开始花钱了，当时考高中差了一分，都花她身上了。入 100（元）的就想以后年纪大了、干不动活了还有个养老钱，

别的没有现钱入更高的了，这些钱存进去就得等 60 岁以后才能提，想入多家里条件也不允许。（E103 – 21 穆大姐）

老年农民的医疗费用占平时花销的很大比例，但却不能用养老金来弥补医疗花销，所以农民更倾向于用最少的钱获取最大的利益。

2009 年我参加了新农保，当时补缴了 1400 元，每个月领养老金 69.03 元，今年 7 月 1 日后要涨到 124.03 元。我老伴儿今年（2012 年）到年龄了也准备补缴 1500 元，是每年 100 元的那种。之前不补缴是因为这个钱早缴晚缴差不太多的利息，像我们这种快 60（岁）的，不差这一两年，这些年中我们还能用用这个钱。我还有一个老母亲，今年（2012 年）84 岁，有糖尿病、高血压、心脏病，好多慢性病，生病吃药花钱花得多，这个钱我也得出，家里还要种地，要有成本，所以手上的闲钱也不多。（D111 – 12 姜大爷）

从以上的访谈可以看出，农民收入储蓄的多用途性与保险费不能流动之间的矛盾影响农民的参保意愿，在可储蓄收入较为有限的情况下，农民将会更加注重现实的需求，而非风险尚未到来的养老需求。

2. 受农民自身特点的影响

一些农民没有经过科学的计算，仅仅是从直观上得出选择最低缴费档次的缴费标准就是最合算的。这种简单的"成本—收益"的计算影响农民缴费水平的选择。

单纯算账，100（元）最合算了。不管入了多少，国家就给 55（元），入 100（元）的 5 年就回本了，五年就赚钱了，2500（元）的得 10 年才能赚钱。（E103 – 18 杨大姐）

有的农民有"随大溜"的想法，看别人缴多少自己就缴多少，和大部分人选一样的缴费档次应该不会吃亏。

> 当时村里来宣传，俺都记在本子上。但其实也听不懂别的，就知道别人都缴个 100（元），说 100（元）最合算，俺就缴了 100（元）的。（E101－13 杨大妈）

> 别人缴多少我们就缴多少，你缴得太多了人家以为你太有钱，管你借钱的人就多了。你缴得少人家又得笑话你，说你没钱。所以"随大溜"就行。（E102－22 朱大姐）

有的农民认为按最低档次缴费就是为了获取政府的基本养老金，还指出，部分生活态度不积极的农民不愿参保，不愿为今后作打算。

> 农保是根据年龄来算合不合算，都缴上 100（元）来保证这 55 块钱，不要白不要了。入上也不知道能活几年，要是今年入上明天就死了那就瞎了。我二嫂就这样，当时怎么劝她她都不入，我说你入个 100（元）的吧，每月白拿政府 55（元），她就是不入，说是反正活不长了不指望以后能怎么地，先过好这些天再说，100 块钱也不想缴，还不如花了吃了。她到死也剩下钱了，不缺钱花，谁也没她吃得好，这也赚着好肚子了。（E101－13 杨大妈）

有的农民认为多缴费是先进性的表现，缴费缴得越多就说明越支持工作，这部分农民多为年龄较大的党员、村干部和农民。

> 我缴了 500 块钱新农保，那时候孩子想盖个房子，我给他们集资，我就没顾得这个保，心就想国家给多少就算多少吧。别的老人都缴 100（元），我就缴 500（元）吧，我在村里工作

好多年了，也是老党员了，这些事应该做得好一些。（C111 - 04
孙大爷）

3. 对制度稳定性的预期

农民对新农保的长期性和稳定性存在疑虑，担心如果政策半
途而废或者中途调整，自己的参保费会"打水漂"，所以农民采取
观望的态度，按最低缴费档次参保，亏了也不会亏太多。

> 以后政策越来越好，不知道是不是就不用我们自己缴钱
> 了，那样的话前面缴费的不就白缴了吗，就赚了那么点儿利
> 息钱。（E111 - 14 石大爷）

农民中选取高档次缴费的大都是制度运行初期已达到领取年
龄的、可以补缴的农民。S 市在 2009 年出台了补缴养老金的政策，
规定凡是当时已达到 60 周岁的老年人，可以选取相应的缴费档次
进行补缴，并立即能够领取养老金。当农民能够在短期内见到制
度带来的利益时，才会积极选取较高档次缴费。

> 后来村里过来宣传，动员我们补缴 15 年的钱，说到时候
> 都能领回来，我们村会计人挺好的，再看周围好多人也都补
> 缴了，我们心里也就有底儿了。一人补了 15 年的，每年 100
> （元），因为手头钱也就这么多，也不好意思问孩子们要钱。
> 他们也都不富裕，还有小孩上学，我们自己拿了这个钱。现
> 在我们老两口每月能领 140 多 （元），平时花花也够用。
> （D111 - 10 张大爷）

2011 年底，S 市对新农保补缴政策进行了调整，规定：2011
年 12 月 31 日前 60 周岁及以上人员，可在 2011 年 12 月 31 日前规
定的缴费期自主选择十个缴费档次之一，一次性自愿补缴不超过

15 年的养老保险费，同时按规定享受每人每年 30 元的政府缴费补贴；2010 年已按规定补缴养老保险费的人员，可在 2011 年 12 月 31 日前变更缴费档次、缴费年限，其中增加缴费年限的，在享受原缴费年限补贴的基础上可享受增加年限的政府缴费补贴。

> 2011 年有个机遇，补缴最多 2500 元一年的档次，70 岁以上的就能领 320 多元钱，来得及缴最好缴多的。2009 年 12 月，70 岁以上，2010 年 1 月给补发，补 18 个月，一月 700 多（元），一年 8000 多（元），当时直接就给退回一年多的钱来。当时政策已经实行了 18 个月了，把钱补上了以后马上就能退回 18 个月的了。大家一看这钱马上就开始往回返了，就知道制度不是骗人的，补缴的特别多。一开始是老人都没缴钱，老人就领 55（元）基础养老金。2011 年放开政策，说老人可以补缴 100～2500（元），最高档次 2500 元，15 年就是 37500（元）。70 岁以上是最合算的，一月 732 元。（B211 - 27 纪会计）

政策的变动使农民不能按照开始时的预期和计划进行缴费选择，使农民对制度的稳定性产生更多的疑虑。

> 当时规定一人必须补到 15 年，政策变得很快，去年（2011 年）还能补 27500（元），2500（元）的 15 年，60 岁的，今年（2012 年）就不准补了，只能在原有入保的基础上补。今年（2012 年）比如说我入了 3 年了，就只准补 12 年的，原先入的 1200 就只能补 1200（元）的档次，不能多补。按说应该多缴算，说是最后再调整一次，结果现在缴 100（元）的就只能缴 12 年 100（元）的，按照前年改动的最后一次的结果。我一开始缴的 500（元），后来改成 100（元）了，就只能按照 100 补了，你像人家缴 500（元）的，机动范

围就大了，我来不及就补 3 年、4 年，来得及就全补上，像我这缴 100（元）的使足了劲也就补 1200（元），再多就不让补了。（D212 - 29 吕会计）

此外，农民们根据自己的经验，感受到其他制度的不稳定性，从而也影响了对新农保制度稳定性的判断。

地保前几年缴了两年，中间停了一年，现在又开始缴了。觉着这些制度乱七八糟的，停了又开始缴了，缴了又得停了，谁知道怎么回事。新农保这块我也很担心，会不会一年一个样。（E103 - 18 杨大姐）

4. 激励机制的影响

新农保的激励机制分为"进口补"和"出口补"，激励机制一方面使制度具有利益诱导的作用，另一方面弥补了养老金的通货膨胀。访谈中发现，有的村集体对全部参保进行了补贴，有的村集体没有进行补贴，有的村集体对部分农民进行了补贴。

S 市对新农保参保者的"入口补"除了国家规定的每年 30 元以外，还规定：基础养老金标准为每人每月 55 元，缴费超过 15 年的每超过 1 年加发 1% 的基础养老金。因为补贴是直接计入个人账户的，看不见摸不着，只有在 60 岁后领取待遇时才以分散的形式体现，而且数额明显偏低。有的村集体"入口补"只补 15 年，使45 岁以下的农民有攀比心理，觉得多缴也得不到更多的好处。

俺村村民都是一样的不分高低，有钱的和没有钱的都是一个档次，人家村民别再有意见。俺村老人 100% 都参保了，女的 40（岁），男的 45（岁）以上都参保。女的 40（岁），被征地的到 55（岁）就领了，城乡这块就得到 60（岁）才能领，一般从 45（岁）开始缴费。16 岁以上的自愿，愿意投就投，不管什么时候缴村里就给补 15 年的钱。上面有个文件，多缴一年基础养老金就给加很少一点点，不合算。村民有几个懂政策的，过来问俺，俺就得给讲讲，也不能糊弄人家。咱这个政策的好处在哪了，比如说我，60（岁）这年可以一下子补缴上，或者，58（岁），到 60（岁）可以补缴 13 年。这 110（元）都是地方给的，为什么年轻的不缴，上面是提倡不是强制，每超过一年加发 1% 的基础养老金，一年就加 5 毛 5，老百姓一年这个钱能买点什么？

在俺村有户口的，都参加农保。村里给补 100 元促成了农民积极参保向上的一个思想，他会想我最起码村里还有 100（元）来，我失地这还有个 312（元）呢。失地这块村里号召都入保，达到咱的目的，特别是老人，解决他们的后顾之忧。（B211 - 27 纪会计）

在没有村集体补助的地方，农民大都是在村干部的宣传下参保的，抱着"不吃亏"的心理，选择最低的缴费档次。

老百姓还是没有钱的多，选 100（元）的多。我们 80% 选的 100（元），社保的大概 10%。参保的只有个别的选 1500（元）以上的，100 户能有一户。一共有 1000 户，2300 多人，16 岁以上，一共参保 1500 人。45 岁以上的都参加了，村里做工作必须入上，如果 45 岁不入保的话，60 岁就拿不出来（拿不到钱）。没钱只能选 100（元）。农民都不愿意往外拿钱，往里拿钱行。年轻的自愿，45 周岁以上的必须入，要不然拿不到国家的钱。农民现在的养老意识挺强的，为了给子女减轻负担。心里就是不吃亏多赚点儿。（C203 - 28 邢会计）

5. 制度衔接与转移接续的影响
新农保制度以县为统筹单位，统筹层次较低。年轻农民的流动性与制度不能接续形成矛盾，所以年轻农民的参保积极性不高，计划在 60 岁可以领取养老金时再补缴。

> 有些村民不积极参加新农保，特别是年轻人，主要原因是年轻人会不定期在外打工，缴养老保险只是暂时的、短期的，而且也不能跟着带走。另外，当想缴的时候可以一次性补足，这样省了不少麻烦。所以村里大多数人都等着最后那一年的时候一起补缴，这几年还可以每年省下几个钱。所以，早缴的人好像也没什么优势，大家就变得不积极了。要是政府能给早缴的人多一些补助，说不定很多人就能早缴。（B112 - 03 纪大哥）

农民工作的不稳定性决定了农民参加养老保险的种类会发生变动，因此希望养老保险制度能实现多个制度的有效衔接。

> 我们村在企业上班的比较多，今年在村里参加新农保，明年可能就去参加企业的保险了，所以年轻人怕转来转去麻烦，也不差这几个钱，就不入了。有钱的人都想入城镇职工养老保险，觉得农村这个钱太少。所以这两个制度如果能连起来对农民来说也挺好。（C313 - 24 于主任）
>
> 我 19 岁了，一开始在家入的农保，后来去镇上干活了，去年（2011 年）说是像我这种我们村有 30 多个。不能两边都入，让单位开证明写上我在什么单位入了城镇职工（社会）养老保险，说是把农保给我们停了，把之前缴的钱给退回来，可是到现在也没有退，也不知道是不是也没停。今年（2012 年）说是要把农保和城镇（职工社会养老保险）接起来了，政策有点儿麻烦，两边倒来倒去也都乱了。（C113 - 06 李小弟）
>
> 儿子（31 岁）没有参保，是因为这几年老是换工作，一阵干活一阵在家歇着，有时候打点零工，啥保险也没有入。

（A101 - 02 黄大妈）

有的农民认为年龄太小的时候不会想养老的事情，感觉养老风险是以后的事情，离自己很遥远。

> 儿子也没办，还没来得及，上学时候没顾得，太小了也不去想那个事。（E102 - 22 朱大姐）
> 我学机械的，进了单位本来想学点儿东西，但是带我的师傅说他干了 7 年了都没捞着干点儿好活，好活都让老的干了，我一听也没什么前途，就回家了，熬不出来。现在我只想工作的事情，农保什么的我不太关注，毕竟是以后老了的事情，我还小。（C113 - 06 李小弟）

与新农保相比，城镇职工社会养老保险（以下简称城保）的缴费水平高，养老金待遇水平高。很多农民想参加城保获取更高水平的养老保障，但由于家庭经济状况的原因暂时放弃，希望在条件允许以后选择参加城保，但又怕参加新农保后退出太麻烦，宁愿放弃参加新农保。

> 现在很多人都眼馋城保，觉得那个拿钱多，拿不出钱的就想等以后有钱了参加城保，因为他们觉得现在参加农保要走程序，将来想退的时候还得走程序，不想那么麻烦。有钱的都参加城保，觉得农保这几个钱不在乎。（E313 - 26 魏主任）

第三节　主体的多元互动

一　新农保是多支柱的制度结构

新农保制度是"个人缴费、集体补助和政府补贴"相结合的制度，其资金来源于个人、集体和政府。与老农保制度相比，新农保增加了政府补贴这一非缴费型的"零支柱",在全农村范围内对农民提供基础养老金,保证农民的基本生活。多支柱结构的新农保制度资金来源更加稳定,在一定程度上帮助农民弥补了养老风险,是增进社会和谐的再分配制度。

二 新农保制度变迁中主体的互动过程

新农保的制度变迁过程中,中央政府、地方政府和农民之间的多元互动体现在两两互动和两者作为一个整体与第三者的互动上(见图4-1)。

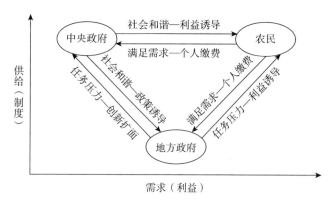

图4-1 新农保制度变迁中中央政府、地方政府与农民的多元互动

中央政府以全国范围内的政治稳定、社会繁荣和经济持续发展为基本目标,是全国统一性制度的最终责任承担者,它兼顾政治、经济、社会、文化等领域的综合运行与发展状况。农民养老风险的增加与农民的本身利益直接相关,同时影响着农村家庭结构的稳固、农民消费水平的提高和对国家经济建设的贡献。因此农村社会养老保险制度的运行状况间接影响中央政府的利益。

在新农保制度变迁的过程中,随着农民改善民生的需求日益提升,中央政府积极地采取措施解决农村老年人的养老问题,从而达到社会和谐、社会稳定的目标。为此,中央政府对农民进行资金补贴,虽然补贴水平不高,但是对提高老年农民的生活水平有很大帮助，并且这种利益诱导的方式使新农保制度本身具有很大的吸引力，因为即使不缴费，到退休以后仍可以每月领取养老金，农民抱着"不参保就吃亏"的心态，为满足自身的养老需求，主动参保缴费。中央与农民在互动过程中达成一致。

中央政府为探索有益的新农保制度方式，以政策引导的手段提倡地方政府积极探索符合当地实际情况的新农保方式。根据各地的经济发展水平不同，中央政府采取不同的政府补贴方式，这其中虽然有失公平性，但是总体上对于建立覆盖全国的新农保制度起到了决定性的作用。随着地方政府可支配财政资源逐步丰富，地方政府在中央政府的政策引导下对农村社会养老保障进行了有益尝试，根据地方的实际情况，在不同程度上为新农保制度提供了备选方案，并丰富和发展了新农保制度。由于中央政府的财政补贴使制度有了吸引力，地方政府也不必再采用强迫的方式要求农民参保，农民自愿参与到制度中来，有利于扩大制度的覆盖面。

新农保制度里，农民为满足养老需求，要进行个人缴费。在这一过程中，地方政府通过积极的宣传，使农民对政策有了广泛的认知。近年来，政府的惠农政策提升了农民对地方政府的信任度，比如免除农业税、粮食直补、新农合制度的顺利开展，使农民切身感受到政府给农民带来的实惠。很多农民表示，"政府这种大的政策不会错，不会让这么多人都吃亏，跟着政府的大方向走肯定没问题"（D111-11姜大爷）。同时地方政府对农民进行资金补助，提高了农民养老保障的水平，从而达到了农民和地方的利益双赢。

三　多元互动中的内部规则和外部规则

在中央政府重视农民养老问题并提供资金补助的"外部规则"引导下，地方政府根据实际情况积极探索新农保的筹资、支付和运营方式，并对农民进行补贴。当中央政府有足够的财政能力对参保农民进行补贴时，地方政府通过政策宣传和利益诱导，使农民意识到参保可以获得利益。同时，农民在短期内看到了制度带来的利益：只要参保就能得到政府的"入口补"，60周岁以上的农民获得"出口补"。制度带来的利益诱使农民心甘情愿参与到制度中来，这一"内部规则"为地方政府提供了动力。新农保制度的供给和需求的方向达到一致，使制度取得良好的效果并能够可持续发展。

四　主体的"知"与"无知"

在新农保制度变迁的过程中，中央政府、地方政府和农民有各自的"分立的个人知识"。首先，中央政府掌握着促成新农保制度创新的"知识"。在人力资源方面，中央政府既有能够为制度变迁提供研究结果的"学术精英"，又有能够领导全国各地参与制度变迁的"政治精英"。在物质资源方面，中央政府的经济能力占绝对优势，能够把制度创新的成本降到最低。其次，地方政府的"知"表现在：一方面，地方政府是制度的执行者，有能力对制度进行解读，并将"无形"的制度内容应用到"有形"的实践中；另一方面，地方政府相对中央政府来说，更加了解农民的实际生活需求，地方政府向中央政府反馈制度的运行情况，有助于政策的适时调整，使制度的供需达到一致。再次，农民是制度的直接受益者，对制度的认知和感受决定了制度的成败与否。中央政府、地方政府和农民的"知"是分立的，其中一个主体的"知"便是其他主体的"无知"，因此，只有主体间建立有效的沟通机制，才能让"知"的范围更大，"无知"的范围更小。

五　初级行动团体和次级行动团体

虽然农民是新农保制度的受益者，但该群体因各种原因而无法直接对政策议程产生影响；地方政府虽然有政策实践，但也仅局限于辖区范围内，而无力成为全国性制度的推动者。因此，中央政府成为农民的利益发现者、新农保制度的推动者和改革者。

在此过程中，地方政府根据实际情况在一定区域内实现了制度创新，因此按照诺思的制度变迁理论，中央政府和地方政府是新农保制度中的初级行动团体，农民是次级行动团体。当初级行动团体并非直接利益相关者时，制度变迁主体间的表达和沟通就显得尤为重要。

六　新农保制度的变迁方式

新农保制度是在中央政府的政策引导下，地方政府积极探索的实践经验中总结出来的制度框架。地方政府在探索新模式的过程中，充分发挥了"自生自发秩序"的积极力量，因此，新农保制度是中央政府引导下的诱致性变迁，中央政府诱致地方政府在制度上进行"自生自发"的创新之后建立了制度，并在制度建立之后允许地方政府在全国统一的制度框架下根据实际情况做相应调整。新农保制度的变迁过程，经历了不断创新、试点和政策调整、修正的过程，其变迁过程相对平稳，没有引起大的社会动荡和起伏，符合渐进式变迁的特征。

第四节　新农保制度存在的问题

一　养老金缺乏流动性

从上文的分析中可以看出，新农保制度缴费的"低门槛"和农民收入的稳定增加，使经济能力不再成为影响农民参保的首要问题，农民更加在意养老金的流动性。如果把钱投入新农保中，未到年龄不能领取的养老金变成"死钱"，当农民遇到医疗、教育、生产等大事的时候，不能花费保费中的资金。而储蓄的资金能够随时取用，用途广泛，农民在收入和储蓄较为有限的情况下，更加注重满足现实的需求，而不会为将来的养老风险多做考虑。因此，如何能把新农保中的养老金由"死钱"变为"活钱"，是当前新农保制度要解决的重要问题。

二 保障水平的有限性和不公平性

在当前的新农保制度下，养老金替代率总体偏低。根据现行新农保政策的相关实施文件，假设在基础养老金及政府补贴与农村居民人均纯收入同步增长的情况下，基础养老金替代率仅为 11.15%；个人账户缴费补贴方面，即使按最长年限，最高缴费档次参保，替代率也仅有 10.87%，综合起来的目标替代率也仅为 22.02%（张华初、吴钟健，2013）。农村居民养老金替代率不仅远低于国际劳工组织 55% 的最低规定，与城镇居民相比也有很大的差距。

中央政府按照经济发展水平为东部和中西部地区提供不同的补贴额度，但实际上，东部部分地区比中西部的某些地区经济发展水平低，但却没有得到中央政府的补贴。中央政府忽略了东部地区、中西部地区内部经济发展水平的差异，使中央的资金补贴有失公平性。

三 养老金的异地转移接续问题

2011 年，我国有 2.53 亿农民工，其中外出农民工 1.59 亿人，而参加职工基本养老保险的农民工人数为 4140 万人，仅占前者的 16.36%，后者的 26.04%（唐钧，2013f）。中国未来几十年最大的发展潜力在城镇，并提出了"近 10 亿人的城镇化"目标。以这样的未来趋势来看中国的社会养老保险制度，党的十八大报告中提出的"适应流动性"就格外重要。如何设计一个包括各种养老保险制度的衔接和劳动力流动中的转移接续在内的统一方法，构建保证顺畅执行的管理体制是值得认真考虑的。

从上文的访谈资料可以看出，养老金的转移接续问题是影响青年农民参保意愿的重要因素。因此，未来新农保制度的设计要便于劳动者在职业之间、地区之间和城乡之间的流动，便于劳动者在流动过程中社保关系快捷有效地转移接续，便于领取养老金人员实现异地养老。

四　统筹层次偏低

当前，大多数新农保试点地区都处于县级管理阶段，统筹单位主要负责区域内的新农保基金经办、管理和监管等一系列工作，实行县级农保中心、乡镇级劳动和社会保障事务所、村级协办员三级管理的基本方式。在基金管理过程中，由于地域和人数的局限性，基金只能在小范围内管理运行、自我周转且不同统筹单位间政策不统一，难以互通互联。这种较低的新农保统筹层次，导致了政策碎片化、抵抗风险能力差、不利于人员流动等一系列问题（张冬敏，2011）。此外，新农保基金运营层次低、管理分散化，基金不能形成规模优势，收益不高，基金的安全风险大，保值增值困难。

五　经办人员工作动力不足

地方执行能力在提升的同时，也存在一些问题。其中比较突出的是基层财政比较困难，直接负责新农保业务的村干部往往身兼数职，工作烦琐、待遇太低，在执行过程中缺乏动力机制。

其实当个村里的会计挺不容易的，什么事都得管，民政、全程办、派出所、经管站都有任务给我。我们村会计基本就是个"筐"，什么杂烂事都得往里装。政府给会计工资太低了，政府一年就给批8000元。我们村主任规定必须上午8点过来，下午有值班的。有的村人家有事再来，没事就可以回家干点活了。

工作都是会计自己干，会计工作量太大了，心里有怨言也不能说什么，都羡慕计生那儿，有单独奖金。我的工资是转移支付，青岛市发的，一月500元。下午我还能干点儿第三产业，在家干点活能再挣一点儿。我周六周日都不休息，我们老多活了，民政、残联天天打电话，还得去开会，不去还扣分，有时候给耽误事了老百姓还埋怨你，也有委屈的时候。有时候给老百姓发东西没让他签字，结果过了一段时间他又来找你说没发给他，自己也忘了。这没办法就得自己掏钱贴给他。老百姓都不一样，有的人明明领了还说没领，说谁让你没让人自己签字。现在有经验了，以后不能代签了，要么我签让他们按手印。事儿太多有时候压力可大了，我嘴上长了好多疱，可上火了。（E213-30 张会计）

平均年工资 2000（元）左右，国家给农村的工资太少了，村庄负担我们的工资，要是村庄没有收入什么的，都得管政府借钱。……没有网络，都是镇里操作，也没有专门的办公经费。（C203-28 邢会计）

由访谈内容可以看出，新农保经办机构管理体制呈现显著的自上而下特征，对上级政府负责而非对服务的受益者农民负责，甚至村级代办人员的工作内容的确定都来自上级政府，农民在被动接受服务中几乎没有表达服务需求的渠道。农村社会养老保险工作涉及经济、法律、管理等多学科知识，对于相关的工作人员有较高的要求。而且当前的管理体制中，大多数的经办机构工作人员并非专职负责新农保业务，还承担其他大量的工作，很难深入农户了解农民的现实需求。

在执行政策过程中，村干部和农民的沟通经常存在障碍，成为村干部们工作中的主要困难。

针对新农保，我们还真挺方便的，钱的事都是镇里算好了，自己往银行缴领。但是这块差就差在老年人死亡，当月死亡必须当月报，当月报不是有 1000 块钱丧葬费嘛，过了当月耽误报了就不给钱了。如果是会计耽误了，那这 1000 块就得村里负责。农民有时候就着急这块，过来催我问什么时候能下来钱，他们自己又懒得刷卡。老年人死亡必须销户，身份证必须交派出所，有的卡消磁了，就必须拿身份证去领钱。我后来给他们开了证明，才管用了。（E213-30 张会计）

有的不理解政策，怎么说也不明白。2009 年开始的政策，村里有个人 1951 年生日，他过来问我，他两年都缴了，怎么能领不着钱。有时候我也有点儿糊涂，缴费年限缺了一年，2009 年缴了，2010 年也缴了，但是第一次缴基本上到 2010 年了，1951 年出生应该缴 3 年，就是这一块大家都不理解。（C203-28 邢会计）

由于部分农民对政策的理解能力不够，基层经办人员与其沟通时不免产生障碍。但由于基层工作人员身兼数职，工作繁忙，没有足够的精力向农民反复讲解制度规定的内容，农民心中产生不满，工作人员遭到埋怨，心里也感到委屈。

本章小结

从 2002 年至今，新农保制度经历了探索、建立和发展直到制度全覆盖的过程。新农保采用"个人缴费、集体补助和政府补贴"的多支柱筹资模式，突破了以往的制度结构，使制度本身具有吸引力。

中央政府、地方政府和农民在制度变迁中呈现的特点影响新农保制度变迁的进程。用制度变迁中的主体互动理论分析新农保制度变迁中中央政府、地方政府和农民的互动，可以得出结论：中央政府采用了利益诱导的方式吸引农民参保，即增加了政府资金支持的养老保险筹资方式，采用"个人缴费、集体补助和政府补贴"的多支柱筹资结构，使制度本身具有吸引力。在中央政府重视农民养老问题并提供资金补助的"外部规则"引导下，地方政府根据实际情况积极探索新农保的筹资、支付和运营方式，并对农民缴费进行补贴，从而达到保证目标实现的目的。当中央政府有足够的财政能力对参保农民进行补贴时，地方政府通过政策宣传和利益诱导，使农民意识到参保可以获得利益。制度带来的利益促使农民心甘情愿参与到制度中来，这一"内部规则"为地方政府达到目标提供了动力。新农保制度的供给和需求达到一致，"手段"的使用达到了预期的"目标"，使制度取得良好的效果并能够可持续地发展。新农保制度是中央政府引导下的变迁，且具有渐进式变迁的特征。

通过对制度主体间互动的分析可以总结出新农保存在的问题有：养老金缺乏流动性、保障水平的有限性和不公平性、养老金的转移接续问题未解决、统筹层次低和经办人员工作动力不足等。

第五章　反思及政策建议

第一节　理论反思

笔者将研究的焦点定位于制度变迁中中央政府、地方政府和农民的多元互动关系，一方面，对农村社会养老保险制度变迁过程进行回顾和总结，寻求制度变迁的动力机制；另一方面，对主体的多元互动进行分析，发现现存农村社会养老保险制度存在的问题。前文用质性分析方法中的访谈法对上述问题进行了多个层面的阐释和探讨。本章将以此为基础，尝试从理论层面对农村社会养老保险制度变迁中主体的多元互动关系进行解答，从实践层面提出相关的政策建议，并构想制度未来的发展趋势。

一　制度随社会环境的变化而变迁

制度变迁是一种效益更高的制度替代原有制度的过程（卢现祥，2003）。制度是在一定的社会和经济背景下产生的，当既有的环境发生变化时，制度应适度调整以适应经济发展和社会转型，从而产生制度创新，来实现更高的效益。无论是老农保制度的建立、发展和停滞，还是新农保制度的探索、发展和完善，都与环境的变化息息相关。制度的每一次变化都不能脱离一定时期的制度环境。制度环境是由一个国家的政治、经济、文化等基础性条件构成的，是农村社会养老保险制度变迁的外部动力。

如前文所述，首先，在政治环境方面，中国共产党代表人民群众的根本利益。老农保时期，政府开始重视农村居民对养老保险的需求；新农保时期，和谐社会的理念深入人心，对农民基本生存权的保障、农保制度的探索创新已达成共识。其次，在人口条件方面，人口的自然变动和人口流动造成的机械变动使人口老龄化的问题日益严峻，土地保障和家庭保障功能的削弱加重了农村老年人的养老风险。再次，在经济条件方面，老农保制度建立之初，国家年财政收入是 3483.37 亿元，其中大约一半以上用于经济建设①，政府没有经济能力担负农民的养老保险，只能把缴费的责任转移到集体和个人身上，而集体和农民的经济能力不足以提供足够的保障，因此，受经济条件的制约，老农保制度进入停滞阶段。老农保制度与当时的经济环境是不相适应的，中央在没有足够能力时建立老农保制度，使老农保制度成为超前于经济环境的制度，最终导致制度无法持续。新农保时期，政府财政收入达到 68518.30② 亿元，2011 年达到 103874.43③ 亿元，近两年保持 20% 以上的增长率。经济建设已有成效，人民生活水平提高，收入增加。政府有能力对参保者进行财政补贴，在一定程度上能够保障农民退休后的基本生活水平，财政能力的提高促使政府责任归位。同时，集体和个人的缴费能力提高，促成新农保制度建立的经济条件已经成熟。稳定的筹资来源是新农保制度可以持续运行的关键因素。最后，在社会文化方面，随着现代社会的进步发展，人口流动使农民对传统养老方式的依赖程度明显降低，农民的养老意识逐渐增强，对社会养老的需求更加迫切。因此，农村社会养老保险制度的变迁过程伴随着人们养老观念和意识的逐渐转变。

---

① 中国财政年鉴编辑委员会：《中国财政年鉴》（1993），北京：中国财政杂志社，1993 年，第 79 页。

② 《2009 年中央财政收入决算表》，http://yss.mof.gov.cn/2009nianquanguojuesuan/201007/t20100709_327133.html，最后访问日期：2019 年 4 月 10 日。

③ 《2011 年中央财政收入决算表》，http://yss.mof.gov.cn/2011qgczjs/201207/t20120710_665247.html，最后访问日期：2019 年 4 月 10 日。

农村社会养老保险制度的创新是顺应农村经济社会发展，适应家庭功能变迁，切合农民养老需求的过程。

二 中央政府、地方政府与农民在制度变迁中的角色

制度环境的变化是制度变迁的外部动力，制度变迁主体对制度的形成和发展起决定性作用。在农村社会养老保险制度变迁中，中央政府、地方政府和农民作为制度的主体，有其不同的角色和作用。

（一）中央政府的角色

中央政府是制度的设计者和决策者，在制度变迁过程中起主导作用。首先，中央政府有推动制度变迁的意愿。中央政府推行农村社会养老保险制度是关怀农民的民生政策，是维护社会稳定和社会安全的制度措施，因此，中央政府为提高农民的生活水平有意愿推动制度的创新和改革。其次，中央政府掌握着制度创新的资源和"知识"。在人力资源方面，中央政府既有能够为制度变迁提供研究结果的"学术精英"，又有能够领导全国各地参与制度变迁的"政治精英"。在物质资源方面，中央政府的经济能力占绝对优势，能够把制度创新的成本降到最低。因此，由中央政府担当制度的设计者和决策者，宏观调控制度运行，有利于资源最优配置和实现制度一体化。

（二）地方政府的角色

地方政府作为制度的执行者，在制度变迁过程中有落实制度内容、反馈制度效果的作用。地方政府是沟通中央政府和农民的"中间人"，通过执行政策，将中央政府制度供给的内容和意图用通俗的语言转达给农民，同时，把农民的反应与需求反馈、上报给中央政府。地方政府要将无形的制度转化成有形的实践，并在实践中寻找制度的不足并反馈给中央政府，在中央政府的政策调整中实现制度创新。

地方政府对制度的认同程度、心态和执行机制决定了执行制度的效率，并影响制度的效果。由于地方政府在贯彻落实制度的

过程中，会根据自身的环境和利益关系处理具体的情况，即地方拥有"自由裁量权"（黑尧，2004）。一方面，地方根据当地的实际情况探索更加有益的制度模式，在统一的制度框架下实现"自由裁量"的制度创新，对制度变迁有积极作用；另一方面，地方政府为完成任务指标，而强制农民参保，因而使农民的利益受损，产生不利于制度运行的行为方式。

地方政府具备关于中央政府制度框架的"知识"和农民对制度反馈的"知识"，因此称地方政府为"在场者"，即同时在农民的生活场域中和中央政府的制度设计场域中。地方政府作为制度中的"承上启下"者，其作用十分重要。

（三）农民的角色

农民作为制度的受益者和实践者，对制度做出的反应和评价决定了制度的有效性。制度变迁的成效如何主要取决于农民对制度是否接受、能否从制度中受益，因此农民不能仅被当作制度的受众，被动接受来自中央政府和地方政府的制度安排，而应参与到制度变迁的过程中，成为制度变迁的主体，与中央政府和地方政府共同完成制度创新。

由于农民自身关于制度设计和制定的"知识"有限，农民在制度运行中存在必然的"无知"：不能及时预期到潜在利益，也不能高度总结和提炼制度机制的内容。因此农民是制度创新过程中的"次级行动者"，由中央政府和地方政府为农民发现制度创新的利益后，在农民的配合下完成制度的创新过程。但是，农民的需求和意愿是否得到满足最能有效衡量制度变迁的效果。因此农民不仅需要理解制度的有效渠道，也需要表达意愿的可靠机制。

三 制度变迁中的主体互动影响制度效果

（一）"目标—手段"的分析方法

参与制度变迁的主体在变迁过程中是通过"目标"和"手段"来互动的。通过"目标"确定制度供给和需求的目的，通过"手段"的运用实现"目标"。

"目标"是主体的价值观念和意愿导向。理性的制度需求者希望通过公共产品的获取达到自身效用最大化的目标，同样，理性的制度供给者希望通过公共产品的供给达到效用最大化。但是，从不同的立场来看，供给双方对制度中的"成本"和"收益"有不同的衡量标准。当制度供给者的目标与需求者的目标不相契合时，很难实现公共产品的最优配置；当制度供给双方的目标方向一致时，制度变迁过程中主体的矛盾和冲突会较小，但制度能否使公共产品达到生产效率和配置效率最优状态，还取决于"手段"的运用。

"手段"是制度变迁主体为达到既定目标而采取的方法步骤。当主体目标不一致时，即使"手段"再高明也不能达到制度均衡的状态。而在一致的"目标"导向下，不同"手段"也会导致制度效果与预期相偏离，甚至"背道而驰"，影响制度"目标"的实现。

用"目标—手段"的方式结合制度变迁中的主体互动理论来考察农村社会养老保险制度变迁中主体的多元互动关系，使制度变迁的脉络更加清晰，从主体的角度发现问题的原因，有助于明确未来的发展趋势。

（二）农村社会养老保险制度变迁中主体的多元互动

在第二章中，笔者构建了制度变迁中的主体互动理论，并在第三章和第四章中用这一理论框架分别分析老农保和新农保制度变迁过程中中央、地方和农民的两两互动，以及中央和地方作为一个整体与农民的互动、地方与农民作为一个整体与中央的互动。通过分析制度变迁中主体的多元互动，探究制度存在的问题和原因。

老农保制度的变迁经历了制度的建立、发展和停滞的过程。经济体制改革和社会转型的制度环境即"外部规则"，使农民对养老保险的需求更加迫切，为降低农民的养老风险，提高农民的生活水平，中央政府建立了老农保制度。但是制度建立之时正值我国经济发展的起步时期，中央政府没有足够的财政能力为制度提供补贴，于是老农保制度采用的是"个人缴费"和"集体补助"的筹资方式，中央政府仅仅制定了制度框架，使制度本身缺乏利益吸引。

由于我国长期以来"自上而下"的制度变迁模式，中央政府在实施制度时更加重视制度的推行和落实，农民只是被动接受。基于农民长期以来的经验而形成的"内部规则"，他们常常对制度的真实性、持久性表示怀疑，在制度结果并未马上显现、预期利益没有立即获取时，有些农民会对制度表示怀疑和担忧，即使制度是对他们有利的，也会导致农民参保的意愿不强、积极性不高。所以，在老农保制度中，很多农民的"个人缴费"是不情愿的，农民对制度的不满直接影响制度的实施效果。

一方面，面对农民缴费"不情愿"的"内部规则"；另一方面，迫于完成任务的"外部规则"，地方政府只能采取强制的方式使农民参保，以达到其目标，而目标就是参保的"数量"。因此，地方在完成任务过程中盲目扩大参保范围，不顾农民的真实意愿和需求，导致制度执行过程中的行为与制度目标相偏离。由于地方政府与农民的经济利益有交集，有时个别地方政府会为追求其自身利益最大化而损害农民的利益，比如挪用、占用农民的养老金投资于地方经济建设中等。

由于老农保制度的保障水平低、运行管理不规范、缴费来源不稳定和基金保值增值困难等，农民的养老需求得不到满足，制度供求失衡。中央政府、地方政府和农民的目标虽然基本一致，但使最终的制度效果与目标相背离。中央政府、地方政府和农民的这种多元互动导致老农保制度无法持续，进入停滞阶段。

新农保制度的变迁过程经历了探索、建立与发展的过程。新农保建立之时，制度环境发生了变化：我国的经济发展水平达到一定程度，中央政府越来越重视"三农问题"，工业反哺农业的趋势逐渐明显；中央政府和地方政府的财政收入水平提高，农民的可支配收入增加；城市化进程的加快和人口老龄化的加速使农民的养老问题亟待解决。在此过程中，中央政府为推行新农保，采用了利益诱导的方式吸引农民参保，即增加了政府资金支持的养老保险筹资方式，采用"个人缴费，集体补助和政府补贴"的多支柱筹资结构，使制度本身具有吸引力。

在中央政府重视农民养老问题并提供资金补助的"外部规则"引导下，地方政府根据实际情况积极探索新农保的筹资、支付和运营方式，并对农民缴费进行补贴，从而达到目的。当中央政府有足够的财政能力对参保农民进行补贴时，地方政府通过政策宣传和利益诱导，使农民意识到参保可以获得利益。同时，农民在短期内看到了制度带来的利益：只要参保就能得到政府的"入口补"，60周岁以上的农民获得"出口补"。制度带来的利益诱使农民心甘情愿参与到制度中来，这一"内部规则"为地方政府推行新农保提供了动力。新农保制度的供给和需求达到一致，"手段"的使用达到了预期的"目标"，使制度取得良好的效果并能够可持续地发展。

（三）农村社会养老保险制度的变迁方式

笔者在第二章中曾经提出，根据制度变迁中主体的互动方式不同，制度变迁方式可以是渐进式或变革式，强制性或诱致性的，多元的互动方式决定了制度变迁方式的多重性。农村社会养老保险制度的变迁是强制性变迁与诱致性变迁相交融、渐进式中带有变革式的过程。

在老农保制度时期，中央政府预见到制度创新的利益并主导老农保制度的变迁，地方政府为完成任务强迫农民参保，因此老农保制度是强制性变迁。新农保时期，政府担负了一定的财政责任，对农民的财政补贴是从无到有的过程，有一定变革式制度变迁的特征。新农保制度建立之前，中央政府充分引导地方政府进行制度的有益探索，并在制度设计上汲取了地方政府的实践性成果，从这一点上看，制度变迁是诱致性的，中央政府诱致地方政府在制度上进行"自生自发"的创新之后建立了制度，并在制度建立之后允许地方政府在全国统一的制度框架下根据实际情况做相应调整。纵观整个农村社会养老保险制度的变迁过程，从制度探索到制度建立，从制度停滞到制度创新，经过了试点探索和不断修正的过程，其变迁过程相对平稳，没有引起大的社会动荡和起伏，符合渐进式变迁的特征。

因此，农村社会养老保险制度的变迁是多种变迁方式并存、交替、融合的，中央政府、地方政府和农民不同的互动方式对应不同的制度变迁方式，成为制度变迁的根本动力。

四 政府责任的体现是制度运行的保证

重申社会养老保险制度的定义，社会养老保险是由国家立法，由参保者（及其利益关系人）或参保者单位和政府共同筹资形成社会养老保险基金，用来保障参保者在年老退出劳动市场后的基本生活需要的社会保险制度，是社会保障制度体系的一部分。社会养老保险诞生并发展于发达国家充分就业的前提下，国家强制雇员、雇主共同缴费，以保障雇员退休后的基本生活，有工作就有保障。但是 21 世纪以来，劳动力市场发生急剧变革，产生大量失业和非正规就业人员[①]，没有固定单位为其缴费，养老问题无法解决。

在经济变革和社会转型的进程中，大量人口从农村向城市流动，农民的土地保障和家庭保障功能被削弱。因此，政府必须担负起社会环境变化形成的养老成本，为农民建立养老保险制度，并承担相应的财政责任，弥补农民在社会变迁进程中失去的养老保障。

"社会为实现已确定的目标（例如保证社会的正常运行、社会

---

① 具体原因请参见王成程（2013）。

可持续发展等）而制定并执行一系列规定，就实现了社会的'底线公平'，而'底线公平'不是就保障水平高低而言的，而是就政府和社会必须保障的、必须承担的责任的意义而言的，它是政府责任的'底线'。"（景天魁，2008）从这一意义上讲，实现城乡统一的养老保险制度是国家和政府义不容辞的责任。

农村社会养老保险制度的变迁过程说明，政府在制度中如果不承担财政责任，会使制度本身没有吸引力，只能强制推行制度，导致制度无法持续运行。当政府的财政责任归位时，制度存在可预期利益诱使农民自愿参与到制度中来，为制度的运行提供可靠保证。所以，政府是否承担责任决定了农村社会养老保险制度最终能否持续有效运行。

第二节　政策建议

理论分析最终要与实践结合才能体现理论的价值，在实践中，农村社会养老保险制度在短期内怎样完善、在长期内如何发展，是笔者需要关注的问题。下面从两个层面构想农村社会养老保险制度的实践：一是针对目前新农保制度中存在的种种问题提出初步解决的方法；二是对新农保无法解决的制度问题，展望新农保未来的发展模式。

一　加强政府的财政责任

长期以来，农村社会养老保险制度缺位的一个重要原因是政府责任不明确，其中财政责任的缺位对制度的有效运行起决定性作用。

（一）改进缴费和补贴机制

现行农村社会养老保险 5 档次缴费机制，虽然便于操作，有利于农民根据自身经济承受能力选择缴费标准，但是没有将农民缴费与农民收入水平匹配，不利于农民养老水平的提高，也不利于制度的财务平衡，有必要取消固定金额缴费制度，建立比例缴费制度，即按照当地上年农村居民人均可支配收入的一定比例缴费，由地方政府每年定期公布以此计算的缴费标准，建议实行梯度递增方式逐步调整缴费比例。与之相适应，政府财政对农民缴费补贴实行比例补贴制度，即按照上年农村居民人均可支配收入的一定比例补贴参保农民个人账户，从而起到激励农民参保的作用，也可以在很大程度上增强新型农村社会养老保险制度的公平性。同时，地方财政对农民参保个人账户的补贴实行与地方财政收入水平匹配制度，即以全国地方财政收入的平均数为基准进行补贴，这样可以克服地方政府财政补贴责任不到位和缺位问题，保障农民养老金水平，也能够防止中央政府与地方政府在农村社会养老保险制度中财政责任划分不清，消除地方政府对中央政府财政的过度依赖问题，使得中央政府对农村社会养老保险的财政责任逐步归位到有限责任。

（二）建立鼓励农民参保的激励机制

现行制度使得农民参保年限长短仅影响农民个人账户养老金，且影响程度较小，为了激励农民积极参保，特别是年轻人参保，提高农村居民养老金替代率，建议建立基础养老金奖励制度，使农民参保时间长短可既影响农民个人账户养老金水平，也影响基础养老金水平。通过基础养老金奖励制度来达到激励农民参保积极性目的，激励更多的年轻人参保。

（三）建立政府养老金最低待遇承诺机制和补偿机制

在农村社会养老保险制度实施过程中，政府承诺农民最低养老金待遇并建立最低待遇缺口补偿机制所起的稳定作用是非常巨大的，也是其他激励机制无法替代的，特别是在农村社会养老保险制度建立的初期，农民对农村社会养老保险制度带有很大的忧虑，对制度养老能力的预期不佳，自己"养命钱"受损，加上"老农保"制度失败的消极影响依然存在，建立政府的承诺担保机制和补偿机制将有利于农民参保意愿提高，有利于制度长期持续运营。

建立政府最低养老金承诺担保机制，即在投保者按照规定缴纳了养老保险费时，由于养老保险制度设计风险、通货膨胀风险和投保者长寿风险而导致个人养老金账户资金不足，难以保证投保者最低养老金的需要，政府可事先承诺保证投保人最低养老金待遇水平。最低养老金水平一般可以根据当时的经济发展水平、物价水平等综合确定，以养老金替代率来表示。最低养老金承诺机制一方面是制度信誉的保证，另一方面也是制度可持续发展的保证。

建立最低养老金待遇缺口补偿机制。一旦农村社会养老保险制度政府承诺的最低养老金水平出现缺口，就需要弥补这个缺口的资金来源，政府财政承担着不可推卸的责任，有必要明确政府财政补偿责任，建立农民最低养老金政府财政担保的预算制度。

二 构建中央政府、地方政府与农民的双向反馈机制

中央政府、地方政府与农民作为制度变迁的主体，互相作用，共同完成制度变迁。上文曾经指出，在制度变迁过程中，中央政府、地方政府和农民存在不同程度和不同内容的"知"与"无知"，而他们之间的"无知"是可以通过彼此的"知"来弥补的。因此，建立中央政府、地方政府与农民的反馈机制，使主体间在互动过程中充分联系与沟通，调整制度供给与制度需求的内容和程度，对制度的持续稳定运行起到关键作用。

要保证制度主体的充分沟通，必须建立双向反馈的沟通机制。中央政府将制度决策发布给地方政府，地方政府在中央政府的引导下针对具体安排执行制度的具体内容，并指导和帮助农民参与制度实践。农民在制度实践中的疑虑和问题通过有效渠道反馈给地方政府，地方政府经过总结和提炼将农民的需求反馈给中央政府，中央政府针对农民反馈的实际情况对制度及时调整，以保证其时效性和有效性。

双向反馈机制的建立，能确保制度自上而下实施，并自下而上反馈，建立畅通的沟通渠道是确保双向反馈机制的关键。

三 积极创新基金管理与运营机制

保障农村养老基金安全运营是确保新型农村社会养老保险制度可持续发展迫切需要解决的问题。为此，需要采取措施，拓宽农村养老基金保值增值的渠道。首先，分离农村养老保险金的运营与管理机构，尽量减少在资金管理运行过程中出现违规行为，这就要求制定严格的管理制度，建立有效的农保资金监管机构，从制度和管理上确保农保资金持续健康发展。其次，农保资金保值是关键。从严格意义上说，新型农村社会养老保险制度是一种混合制度，基础养老金采用的是现收现付的形式，而个人账户采用的是基金积累的形式。提高基金积累制度收益率的重要途径是进行市场化运营。但目前中国资金进行市场化运营的机构和渠道都十分有限，因此，在不断完善中国资金市场的同时，可以采取委托代理的形式，通过相关法律程序，在保障资金安全的前提下，将部分养老金的运营权交由专门的基金管理公司。最后，需要不断增强个人账户的保障作用。在提高农保资金统筹层次，实现国家统筹的基础上，可以将农保资金交给国家，通过发行特有债券的形式，确保农保账户的增值。

四 妥善处理养老保险制度间的统筹衔接

从新型农村社会养老保险未来发展的趋势来说，是需要实现城乡统筹全覆盖的。目前，就应该朝着这个目标而不断迈进，在这个过程中存在的最大障碍就在于各种养老保险制度之间不能相互衔接。这不仅阻碍人才的流动，而且也难以将农民工、失地农民等一些目前必须要解决养老保障的群体纳入保障范围。另外，在新型农村社会养老保险实施之前的老农保有不少遗留接续问题必须解决，这些问题如果得不到有效解决，将会直接影响到新型农村社会养老保险工作的顺利开展。因此，新型农村社会养老保险制度与其他社保政策之间必须可以相互接续转移。第一，对于农村社会养老保险制度内部的接续与转化，在坚持不降低原有待遇的基础上，可以进行"同类项合并"或者"做加法"，即将原有的待遇采取折中等方式并入新型农村社会养老保险制度之中或者将他们原有的待遇和新型农村社会养老保险相加，享受更高的待遇。第二，给制度之间的衔接留有操作的空间，保证不同养老保险制度之间可以灵活自由转移。随着城镇化的发展，越来越多的人将会变为市民，他们的养老保险应该随着他们的身份转化而及时并入城镇养老保险的范围，城镇居民的养老保险也应该随着他们的身份转换和职业变化发生相应的变化。第三，逐步扩大养老保险的统筹范围。可由目前的县市级转向省级最终过渡到国家级的统筹范围，这样更有利于解决地区间的转移接续问题。第四，加快社会保障信息化建设工作，设立人人拥有的多功能的集社会保障信息于一身的社会保障卡，该卡能够实现顺利对参保者"记录一生、跟踪一生、服务一生、保障一生"的目标，为实现养老保险制度之间的转移提供技术支持。

第三节　发展前瞻

新农保制度的建立是我国建立城乡一体的社会养老保险制度迈出的重要一步。但是，新农保制度所提供的养老保障水平与城市社会养老保险制度所提供的养老保障水平相比还有很大差距。因此，同时兼顾"效率"与"公平"，是现阶段新农保制度本身无法解决的问题。新农保制度覆盖全国以后即完成了它的阶段性"使命"，从长远看，农村老年人的养老问题需要更完善的制度模式来解决。

一　发达国家的养老保险模式

（一）美国的养老保险模式

美国的养老保险制度始建于20世纪30年代，经过上百年的发展和不断调整，美国逐步形成了包括国家法定养老保险（公共养老保险）、私营退休养老保险和个人储蓄养老保险在内的三支柱养老保险体系。

国家法定养老保险由国会立法并强制执行，其主要目的是对因为退休、残病或死亡等原因造成的收入减少的工人及其家属，由社会给以该工人及家属部分经济补偿。法定养老保险覆盖了美国约 96% 的劳动人口。"2012 年美国公共养老金的保障对象共达 5600 多万人，覆盖了 90% 的工薪一族退休者。由于公共养老金不仅支付给 65 岁及以上的退休者，同时还对没有达到退休年龄的伤残者和没有收入的遗属发放，这一部分对象要占整个保障对象的 1/4。所以，在社会保障理论界也称其为'老（年）、残（疾）、遗（属）保险'。"（唐钧，2013d）

私营退休养老保险是由企业设立的，企业定期向该计划缴纳资金，职工退休后每月可按其账户的积累额或企业事先规定的支付额领取养老金。这类养老金的建立基本上是企业自愿的，不具有强制性。同时，包括政府公职人员的职业年金计划，覆盖近一半的劳动人口。

个人储蓄养老保险是面向任何具有纳税收入者的一种个人退休储蓄计划。基本特点是个人出资、个人管理、个人享受一定的税收优惠条件。个人养老保险包括享受税收优惠的个人退休账户计划和个体劳动者退休计划，以及没有税收优惠的个人储蓄性养老，如银行存款、购买保险公司年金产品和证券投资等。

将美国三部分养老金支出加在一起，2011 年美国共支出 17.9 万亿美元。2012 年，美国的公共养老金领取者的人均收入为每月 1082 美元，全年约 1.3 万美元；约占美国老年人退休后平均收入的 40%；有 22% 的退休者所有的收入都来自公共养老金。由此可以推算，2012 年美国养老金的支出约为 7000 多亿美元，占美国当年 GDP 的 5% 上下（唐钧，2013d）。

综上所述，美国的"老、残、遗保险"，亦即公共养老金或联邦养老金，是美国的工薪一族度过晚年生涯的基本保障（唐钧，2013d）。

（二）日本的养老保险模式

日本的养老保险制度被称为"全民皆保障"，主要由国民年金、雇员年金和其他可选择的年金构成。其中，国民年金为第一层次的养老金，即基础养老金，国家强制 20～60 周岁的居民参加保险，用于保障达到特定年龄的老年人的基本生活。在国民年金的缴费金额中，参保者出资占 2/3，政府财政补贴占 1/3，同时承担年金的各项管理运营费用。据统计，国民年金待遇占日本老人家庭收入的 63.6%，这一制度成为人们老年时生活的主要保障，一直发挥着非常重要的作用（边恕、孙雅娜，2004）。

雇员年金为第二层次的养老金，由厚生年金和共济年金共同构成，与参保者的收入水平挂钩，即收入越高，缴纳的保费和获得的退休年金就越高。政府对雇员年金没有财政补贴，只承担管理运营的费用。因此，雇员年金与国民年金共同称为"公共养老保险"。除公共养老保险之外，日本还有各种可选择参加的年金，是第三层次的养老金。主要由厚生年金和企业年金等组成，由企业或个人自愿缴费参与保险。

到 2012 年，大约有 1100 万家庭主妇加入了国民年金，其保费从在业的配偶所缴的保费中扣除。有近 2200 万自雇、农民、学生或其他类型就业者加入了国民年金。既参加国民年金，又参加厚生年金和共济年金制度的雇员有 3700 万人。此外，日本养老保险制度中"伤残厚生年金"和"遗属年金"的设立也是一个特色，即在就职者遭遇伤残风险后，可以领取到相应的养老保险金。在参保者辞世之后，其配偶和子女可获得这部分年金。

可见，日本的养老保险是一种保基本、多层次的制度，对老年人有着重要意义：所有达到规定年龄的老人都可以享受保障基本生活的养老金，且收入较高者可多缴多得，同时，伤残者有额外的养老金，参保者去世后，其亲属者也能享有相应的年金。

(三) 欧洲的养老保险模式

在 20 世纪 90 年代以前，欧洲国家的养老保险制度基本可分为三种模式，即投保资助模式、强制储蓄模式和国家统筹模式。其中，绝大多数欧洲国家实行的是投保资助模式。

投保资助型养老保险模式起源于俾斯麦 1889 年实行的《老年、残疾和遗嘱保险法》，是工业化取得一定成效的国家对养老保险进行补贴的制度。以国家为主体，通过立法强制实施，要求雇主和雇员按照一定比例缴纳社会养老保险费，用以补偿参保者退休之后的养老风险。当养老金收不抵支时，国家财政予以补贴，具体可通过财政拨款、税收优惠、利率降低等方面进行支持。目前，实行投保资助模式的国家，对已到退休年龄并解除劳动义务的投保者实行多层次的退休金支付。具体讲有两个层次，即国家法定的退休金和企业补充退休金，如果加上劳动者个人的养老储蓄、养老互助储蓄、人寿保险，则构成了三个层次。国家法定养老退休金又有普遍养老金与雇员退休金之分，二者都把附加退休金包括在内 (王浩、李亚敏，2008)。

总之，发达国家的养老金大都分为两部分：基础性养老金和补充性养老金。基础性养老金是保障基本生活普惠性质的养老金，补充养老金与职业和工作相关。而且，大多数发达国家都已建立起多层次的养老金筹资和支付模式。

二 "基本 + 补充"的养老金模式

国内专家学者对发达国家这种"基本 + 补充"的养老保险模式有相关研究，这种模式有利于解决当前我国新农保制度中存在的问题。

郑功成认为未来我国应建立以国民养老保险为主体的多层次养老保险体系，实现人人享有体面的老年生活 (郑功成，2011b)。我国的养老保障制度未来的发展趋势应由全国统一的国民基本养老保险制度 (或者统一的国民年金制度) 和差别性的职业年金构成，在这种制度架构中，普惠式的国民基本养老保险覆盖所有正规就业与非正规就业劳动者，它以国税为基础，采取现收现付财务机制，显著地体现国家责任和社会公平属性，最终目标是发展成为全民性养老保险制度。差别性的职业养老保险因为主要是雇主与劳动者分担缴费责任，从而主要面向所有正规就业劳动者，但不排斥非正规就业劳动者参加，它以按照工资的一定比例强制征缴养老保险费为基础，采取个人账户式的完全积累财务机制，体现雇主责任与劳动者个人责任的结合，同时也是效率与公平的结合（郑功成，2003）。

杨燕绥等（2013）对未来的养老保险制度改革提出设想："按照老龄社会的时间表，坚持'公平、持续、简便、效率'原则，用 GDP 的 1% ~2%，建立全覆盖的、全国统一的、分步实施的'国民基础养老金'和'个人储蓄养老金'二元结构养老金制度，具有安定民心、提高政府信誉和促进老龄社会发展的一举多得的功效。"国民基础养老金打破身份界限，整合现行各类由政府支付的公共部门退休金、企业职工基础养老金、城乡居民养老补贴等，按照上年度各地居民家庭平均消费支出的 40% ~60%，向全体年满 60 岁（或者 65 岁）的中国城乡居民（含职工）支付国民基础养老金；个人储蓄养老金整合现行职工养老保险个人账户、企业年金个人账户、商业保险个人账户、消费积分转换养老金，进入国民个人养老储蓄账户（含机关事业单位），制定税收政策，委托受托人管理（杨燕绥、胡乃军、刘广君，2013）。

唐钧（2012b）认为我国养老保险"改革的方向应该明确，第一支柱就是现收现付的基本养老金，全国人民不分身份、职业，都以中华人民共和国公民的资格缴费参保，由政府负责保障基本生活需求。在这一块，要讲公平，……基本生活需求是可以定量的，按生活必需品来计算。然后有地区差别，再按物价指数每年调整。"

"在基本养老金之外，还应该有补充养老金，各人根据自己的需要和能力，参加补充养老保险，或称职业年金。这一块，由政府立法监督，但由市场运作，企业和职工自愿参加。政府指定有资质的银行、保险公司或其他金融机构参与运营，单位按职工的意愿选择承保机构，并可以退出和重新选择。"（唐钧，2012a）

按照国际上的流行做法，基础养老金由政府运作，筹资方式是"三方筹资"，即雇主（用人单位）、雇员（劳动者）和国家。从实际的运行状况看，在当今世界上，比较成熟的养老保险制度，基本养老保险大多要靠国家财政补贴来维持平衡。因此，基本养老金由国家财政保证支付。补充项目按个人账户的方式进行准市场化的运营，政府可以考虑担保最低回报率。个人账户中引进"资产建设"的理念，走"内涵式"的发展道路，即账户中的储蓄款项完全归个人所有。但是政府限制其用途，只能用于个人或家庭的发展目标，诸如养老、购房、教育（包括个人深造和子女上学）以及个人或家庭的小本经营，也可以包括在特定情况下的医疗费用（唐钧，2008）。

综合以上专家的观点，未来我国的养老保险制度应采用"基础"＋"补充"的方式，能同时兼顾公平与效率。其中，政府保"基础"，以保障"基本生活水平"为标准，使所有劳动者在退出劳动力市场后都能够享有大概一致的基本待遇。"补充"与个人的工作绩效相关，多缴多得，通过基金的有效运营达到保值增值。按照这种模式建立覆盖全民的统一的社会养老保险制度才是有效的、公平的、可持续的。

三 新模式能够创造制度变迁主体的利益共赢

将"基础"＋"补充"的模式落脚到新农保制度上可以发现，这种方式能够解决新农保目前和将来面临的诸多问题，中央政府、地方政府和农民将在互动中达到利益共赢。

首先，新模式更加有利于达到社会和谐实现。一方面，新制度使新农保的公平性问题提到解决，农民与其他社会成员在同一水平上领取国家财政支出的基础养老金，结束长期以来城乡割据的养老保险局面，使农民的物质状态和精神状态都得到改善。同时，可通过建立居民征信管理平台，开通农民对制度的反馈渠道。另一方面，在中央政府与地方政府的互动中，新模式实行全国统一的养老保险制度，直接针对农民进行补贴，避免中央财政按地区补贴的不公平现象。新模式可促进建立居民信息档案，中央政府在地方政府居民信息档案建设验收合格的基础上，支付国民基础养老金，以防止欺诈冒领，对地方政府实现有效监督。公平透明的"外部规则"能够促进社会稳定，增进社会和谐。

其次，新模式使地方政府有精力"为民着想"，从而得到农民的信任和支持。新模式中，中央政府统筹国民基础养老金，一方面给地方政府减轻财政负担，另一方面使地方政府不必再为参保扩面而花费精力，因为制度本身有吸引力。这样，地方政府可以建立地方养老金补贴制度，根据当地的经济能力酌情对居住在当地的居民提供养老补贴，包括养老金补贴和养老服务补贴，大力发展农村的老年服务设施，譬如养老院和在社区服务支持下的居家老人服务。老人可以用政府提供的费用购买养老机构和社区的公共服务（唐钧，2008）。在基本生活得到保障的基础上，进一步提高老龄人口的生活水平，从而提高农民对地方政府的信任度和支持度，有利于地方"政绩"目标的实现。

再次，新模式有利于农民物质状态和精神状态双方面的改善。农民在与中央政府的互动中，通过信息平台积极反馈对制度的建议和需求。公平的"外部规则"不仅提高了农民的物质生活，城乡一体的基础养老金还打消了农民"低城里人一等"的消极心理，提升了农民的个人尊严。在与地方政府的互动中，个人账户由中央统筹，避免地方政府对养老金的占用、挪用，增加农民对地方政府的信任。

新模式便于解决流动人口养老保险转移接续问题。个人账户中的养老金可委托指定银行管理，全国建立统一的信息平台，既方便了异地之间转移接续，促进劳动力合理流动和增加就业，也促进了金融机构为居民建立综合养老资产账户（杨燕绥、胡乃军、刘广君，2013），提高金融机构对普通公民的服务质量。

个人账户的"内涵式"发展，解决了农民对养老金流动性的需求，在遇到医疗、教育、生产等急需用钱的大事时，以按揭的方式操作，并按银行当期贷款利息分期还款。当养老金由"死钱"变成"活钱"，既解决了农民的养老问题，又解决了生活生产中的大事时，就可吸引农民参与到制度中来。

最后，从旧模式到新模式的制度变迁方式是中央政府引导下的渐进式变迁，制度实现了平稳过渡。新模式看似对原有制度结构进行了大的改变，而实际只是对原有的针对不同群体的养老保险制度的归类和提炼，对原有制度没有大的改动。因此，新模式是在保证既有利益群体不受损的前提下提高弱势群体的可得利益，是促进社会稳定的渐进式变革。

目前，关于"基础"＋"补充"养老保险改革的研究，在国内尚处于起步阶段。研究者们就这一新模式的基本框架和内容做出了概括性的描述。但是，"基础"＋"补充"的模式怎样对目前碎片化的养老保险制度进行整合，怎样能在新旧制度间进行平稳的衔接和过渡；"基础"和"补充"的具体内容分别是什么，如何确定保障的适度水平，中央政府、地方政府、农民对新模式的态度等都是目前国内研究中少有涉及的。

养老保险改革势在必行，从以上的研究方向看，本研究只是一个起点，笔者将会密切关注该领域内的相关动态，从更广阔的视角、以更丰富的研究将理论与实践相结合，为我国的养老保险制度改革提供有价值的研究资料。

参考文献

《2010 年中国流动人口总量达 2.21 亿人》，http://news.cnfol.com/
110302/101.1277.9416873.00.shtml，最后访问日期：2011 年
4 月 20 日。

《2011 年度中国老龄事业发展统计公报》，http://www.cncaprc.
gov.cn/tongji/19195.jhtml，最后访问日期：2011 年 4 月 20 日。

艾尔·巴比，2005，《社会研究方法》（第 10 版），邱泽奇译，北
京：华夏出版社。

《宝鸡市城乡居民社会养老保险工作喜获国务院表彰》，http://www.
shaanxi.gov.cn/0/1/9/42/132458.htm，最后访问日期：2010
年 4 月 20 日。

《宝鸡市新农保政策出现新变化，养老金随着年龄长》，4 月 19 日，
http://www.shaanxihrss.gov.cn/Html/2010 - 4 - 19/091549.Html，
最后访问日期：2010 年 4 月 20 日。

边恕、孙雅娜，2004，《论日本养老保险制度及其改革趋势》，《现
代日本经济》第 2 期，第 33～36 页。

步正发，2004，《步正发在全国农村社会养老保险工作座谈会上的
讲话》，12 月 22 日。

《财政部：2012 年中央财政收入增幅低于地方收入》，http://
finance.people.com.cn/n/2013/0628/c1004 - 22007010.html，最
后访问日期：2019 年 3 月 15 日。

蔡霞，2011，《新型农村社会养老保险理论与政策研究》，博士学
位论文，武汉大学。

曹信邦，2012，《新型农村社会养老保险制度构建——基于政府责任视角》，北京：经济科学出版社。

《草根阶层的流动——我国流动人口的数量与结构特征》，http：//www. cysskl. gov. cn/newsContent. php? news_id = 1223，最后访问日期：2019 年 4 月 1 日。

陈雷、江海霞、张秀贤，2011，《城乡统筹下新农保与相关养老保障制度整合衔接战略研究》，《管理前言》第 6 期，第 3 ~ 5 页。

陈向明，2000，《质的研究方法与社会科学研究》，北京：教育科学出版社。

陈仰东，2012，《谏言城乡居保——专家述评新农保和城居保三年发展》，《中国社会保障》第 10 期，第 11 ~ 15 页。

褚福灵，2009，《新农保：改革目标与制度框架》，《中国社会保障》第 11 期，第 22 ~ 23 页。

崔红志，2012，《新型农村社会养老保险制度适应性的实证研究》，北京：社会科学文献出版社。

戴维斯、诺思，1994，《制度变迁的理论：概念与原因、财产权利与制度变迁》，上海：生活·读书·新知三联书店。

邓大松、刘昌平，2007，《新农村社会保障体系研究》，北京：人民出版社。

邓大松、刘远风，2011，《制度替代与制度整合：基于新农保的规范分析》，《经济学家》第 4 期，第 71 ~ 77 页。

邓大松、薛惠元，2010a，《新型农村社会养老保险替代率精算模型及其实证分析》，《经济管理》第 5 期，第 164 ~ 171 页。

邓大松、薛惠元，2010b，《新型农村社会养老保险制度推行中的难点分析——兼析个人、集体和政府的筹资能力》，《经济体制改革》第 1 期，第 86 ~ 92 页。

邓正来，1998，《自由与秩序——哈耶克社会理论的研究》，南昌：江西教育出版社。

邓正来，2009，《哈耶克社会理论》，上海：复旦大学出版社。

丁煌，2002，《政策执行阻滞机制及其防治对策》，北京：人民出版社。

《丁建定：我国新型农村社会养老保险制度实施中应注意的几个问题》，http://society. people. com. cn/GB/11069601. html，最后访问日期：2019 年 4 月 1 日。

《发展中国家加速步入老龄化社会》，http://www. ftchinese. com/story/001010069/ce ，最后访问日期：2019 年 5 月 20 日。

盖尔·约翰逊，1999，《中国老年人的社会保障》，《中国人口科学》第 5 期。

盖尔·约翰逊，1999，《中国农村老年人的社会保障》，《中国人口科学》第 5 期，第 1～10 页。

《巩固、完善、提高、推动城乡居民养老保险再上新台阶》，https://wenku. baidu. com/view/5f54fb7d31126edb6f1a10ae. html，最后访问日期：2019 年 3 月 28 日。

关信平，2009a，《当前中国经济发展方式转型中的社会政策议题》，《探索与争鸣》第 4 期，第 32～36 页。

关信平，2009b，《社会政策概论》（第二版），北京：高等教育出版社。

关信平，2011a，《进一步完善我国养老社会保险制度的建议》，《中国组织人事报》第 5 期。

关信平，2011b，《论当前我国转变社会发展方式》，《江苏社会科学》第 4 期，第 27～34 页。

关信平，2013，《我国养老保险制度的两大困境》，《社会科学报》第 8 期。

关信平：《当前我国社会保障制度公平性分析》，《苏州大学学报》（哲学社会科学版）第 5 期。

桂世勋，2012，《完善我国新型农村社会养老保险的思考》，《华东师范大学学报》（哲学社会科学版）第 1 期。

郭茜琪，2008，《论地方政府在市场化进程中的诺思悖论行为》，

《学术界》第 2 期，第 160～165 页。

哈耶克，1989，《个人主义与经济秩序》，贾湛等译，北京：经济学院出版社。

哈耶克，1997，《自由秩序原理》，邓正来译，上海：生活·读书·新知三联书店。

哈耶克，2000a，《法律、立法与自由》，北京：中国大百科全书出版社。

哈耶克，2000b，《经济、科学与政治——哈耶克思想精粹》，冯克利译，南京：江苏人民出版社。

何文炯、金皓、尹海鹏，2001，《农村社会养老保险：进与退》，《浙江大学学报》（人文社会科学版）第 5 期。

黑尧，米切尔，2004，《现代国家的政策过程》，北京：中国青年出版社。

《胡锦涛文选》第三卷，北京：人民出版社，2016，第 642 页。

华黎、郑小明，2010，《完善新型农村社会养老保险财政资金供给的思路与对策》，《求实》第 10 期，第 89～92 页。

黄燕，2008，《从山东模式看我国农村社会养老保险模式的选择》，《学习与实践》第 12 期，第 134～139 页。

景天魁，2008，《"底线公平"的社会保障体系》，《中国社会保障》第 1 期，第 40～42 页。

科斯、阿尔钦、诺思，1996，《财产权利与制度变迁——产权学派与新制度学派译文集》，上海：上海人民出版社。

《劳动和社会保障事业发展年度统计公报》（1998～2008），参见人力资源和社会保障部网站。

《劳动事业发展年度公报》（1992～1997），参见劳动和社会保障部网站。

《劳动事业发展年度公报》（1992～1997），参见人力资源和社会保障部网站。

李正图，2007，《论诺思制度变迁理论的思维逻辑框架》，《江淮论坛》第 6 期，第 55～63 页。

《联合国第二次老龄问题世界大会的报告》，http://www.un.org/chinese/events/ageing/，最后访问日期：2019 年 4 月 1 日。

梁春贤、苏永琴，2004，《构建适合我国国情的农村社会养老保险制度》，《经济问题》第 5 期，第 73～75 页。

梁鸿，1995，《试论中国农村社会保障及其特殊性》，《复旦学报》（社会科学版）第 5 期。

梁鸿，1999，《试论中国农村社会保障及其特殊性》，《复旦学报》（社会科学版）第 5 期，第 26～34 页。

梁鸿，2001，《农村社区发展与社会保障的研究——以苏南农村为个案》，《复旦学报》第 4 期。

梁鸿，2008，《人口老龄化与中国农村养老保障制度》，上海：上海世纪出版集团。

林义，2009，《破解新农保制度运行五大难》，《中国社会保障》第 9 期，第 14～16 页。

林毅夫，1994，《关于制度变迁的经济学理论：诱致性变迁与强制性变迁》，载 R. 科斯、A. 阿尔钦、D. 诺斯等《财产权利与制度变迁——产权学派与新制度学派译文集》，上海：生活·读书·新知三联书店。

刘和旺、颜鹏飞，2005，《论诺思制度变迁理论的演变》，《当代经济研究》第 12 期，第 21～25 页。

刘书鹤，1997，《我对"农村社会养老保险"的看法及建议》，《社会学研究》第 4 期，第 61～63 页。

龙观海，1966，《社会学》，台北：三民书局。

龙观海，1973，《云五社会科学大辞典·社会学》（第 1 册），台北：商务印书馆。

卢海元，2009，《和谐社会的基石——中国特色新型养老保险制度研究》，北京：群众出版社。

卢现祥，2003，《西方新制度经济学》，北京：中国发展出版社。

马利敏，1997，《农村社会养老保险请缓行》，《探索与争鸣》第 7
　　期，第 11 ~ 12 页。

米红，2007，《农村社会养老保险理论、方法与制度设计》，杭州：
　　浙江大学出版社。

米红，2012，《谏言城乡居保——专家述评新农保和城居保三年发
　　展》，《中国社会保障》第 10 期，第 11 ~ 13 页。

米红、冯磊，2009，《基于真实参保率的新型农村社会养老保险基
　　金发展预测研究——以青岛市城阳区为例》，《山东科技大学
　　学报》（社会科学版）第 2 期。

米红、项洁雯，2008，《“有限财政”下的农保制度及仿真研究》，
　　《中国社会保障》第 10 期，第 25 ~ 27 页。

《民政事业发展统计报告》（1992 ~ 1998），参见民政部网站。

诺思，1994，《制度、制度变迁与经济绩效》，刘守英译，上海：
　　生活·读书·新知三联书店。

诺思，1995，《制度变迁理论纲要》，《改革》第 3 期，第 52 ~ 56 页。

诺斯，2008，《理解经济变迁过程》，钟正生、邢华译，北京：中
　　国人民大学出版社。

彭希哲、宋韬，2002，《农村社会养老保险研究综述》，《人口学
　　刊》第 5 期，第 43 ~ 47 页。

乔晓春，1998，《关于中国农村社会养老保险问题的分析》，《人口
　　研究》第 3 期，第 8 ~ 13 页。

《青连斌：建立新型农村社会养老保险制度的有益尝试——对陕西
　　省宝鸡市“新农保”试点的调查》，http://society. people. com.
　　cn/GB/11071228. html，最后访问日期：2019 年 4 月 1 日。

全国老龄工作委员会办公室，《2011 年度中国老龄事业发展统计公
　　报》，http://www. cncaprc. gov. cn/contents/37/21348. html，最
　　后访问日期：2012 年 10 月 6 日。

《人力资源和社会保障事业发展统计公报》（2009 ~ 2012），参见人
　　力资源和社会保障部网站。

《山东人口老龄化问题严峻》，http://news. hexun. com/2012 - 02 - 23/138566203. html，最后访问日期：2019 年 4 月 1 日。

山东省老龄工作委员会，2009，《山东省 2008～2020 年人口老龄化状况及对策研究》。

《十七大以来重要文献选编》（上），北京：中央文献出版社，2009，第 907 页。

世界银行东亚及太平洋地区人类发展局社会保护部，2012，《中国农村老年人口养老保障：挑战与前景》。

唐钧，2008，《中国的社会保障政策评析》，《东岳论丛》第 1 期，第 12～34 页。

唐钧，2009a，《国外如何实现社会保障——新加坡经验的中国样本》，《人民论坛》第 13 期，第 22～23 页。

唐钧，2009b，《农村白发浪潮催生"新农保"》，《农村工作通讯》第 15 期，第 12～13 页。

唐钧，2009c，《人性化的新农保与隐忧》，《东方早报》第 9 期。

唐钧，2009d，《新农保的"软肋"》，《中国社会保障》第 11 期，第 26～27 页。

唐钧，2011a，《还原一线城市老龄化真相》，《中国社会保障》第 6 期，第 30 页。

唐钧，2011b，《谁来保障中国人养老》，《就业与保障》第 3 期，第 1 页。

唐钧，2012a，《养老保险制度必须突破"保险思维"》，《博文中的社会政策》，北京：社会科学文献出版社。

唐钧，2012b，《中国养老保障制度的可持续发展》，《领导文萃》第 9 期，第 7～9 页。

唐钧，2013a，《对中国养老保险制度问题的思考》，《社会科学报》第 8 期。

唐钧，2013b，《养老保险的"公平"和"效率"应分而治之》，《中国社会保障》第 2 期，第 24 页。

唐钧，2013c，《养老保障的本质是社会分配》，《贵阳日报》第
　　6 期。

唐钧，2013d，《养老不靠公共养老金靠什么?》，《中国经营报》第
　　7 期。

唐钧，2013e，《养老金既涉及公平又涉及效率》，《深圳特区报》第
　　7 期。

唐钧，2013f，《转移接续：养老保险适应流动性的重中之重》，
　　《中国社会保障》第 1 期，第 37 页。

童星、林闽钢，2011，《中国农村社会保障》，北京：人民出版社。

庹国柱、王国军、朱俊生等，2009，《制度建设与政府责任——中
　　国农村社会保障问题研究》，北京：首都经济贸易大学出
　　版社。

汪丁丁，1994，《经济发展与制度创新》，上海：上海人民出版社。

王成程，2013，《从国际就业形势变化看社会保障制度发展趋势》，
　　《未来与发展》第 2 期，第 7～12 页。

王成鑫，2011，《中国新型农村社会养老保险财政负担水平研究》，
　　博士学位论文，辽宁大学。

王德文、侯慧，2010，《新型农村养老保障制度改革——北京模式的
　　探索意义及其适用条件》，《社会保障研究》第 1 期，第 40～
　　50 页。

王国军，2000，《现行农村社会养老保险制度的缺陷与改革思路》，
　　《上海社会科学院学术季刊》第 1 期，第 120～127 页。

王浩、李亚敏，2008，《社会养老保险的欧洲经验与中国城乡统筹
　　的模式选择——一个基于比较制度经济学的范式分析》，《南
　　方经济》第 8 期，第 59～70 页。

王羚，2011，《捆绑式参保损害农村老年人福利的实现》，《第一财
　　经日报》7 月 28 日。

王思斌，2006，《农村社会保障制度建设的政策过程分析》，《第二
　　届中国社会发展政策高层论坛论文集》，第 147 页。

王章华，2011，《中国新型农村社会养老保险制度研究》，博士学位论文，华东师范大学。

吴连霞，2012，《中国养老保险制度变迁机制研究》，博士学位论文，首都经济贸易大学。

奚从清、鲁志根、胡振产，1996，《21世纪中国农村社会养老保险制度之探索》，《社会学研究》第1期，第105~111页。

奚从清、沈赓方，2004，《社会学原理》（第5版），杭州：浙江大学出版社。

《席恒：新农保实现好收益的关键在于服务供给》，http://society.people.com.cn/GB/168256/17391181.html，最后访问日期：2019年4月1日。

《新疆呼图壁县新农保资金积累额列全疆56个试点县市第一》，http://nc.mofcom.gov.cn/articlexw/xw/dsxw/201305/18509327_1.html，最后访问日期：2013年5月30日。

徐强、王延中，2012，《新农保公共财政补助水平的适度性分析》，《江西财经大学学报》第5期，第41~49页。

薛惠元、王翠琴，2010，《"新农保"财政补助政策地区公平性研究——基于2008年数据的实证分析》，《农村经济》第7期，第95~99页。

《杨翠迎：新型农村社会养老保险试点应注意的问题及政策建议》，http://society.people.com.cn/GB/11084783.html，最后访问日期：2019年4月1日。

杨翠迎、庹国柱，1997，《建立农民社会养老年金保险计划的经济社会条件的实证分析》，《中国农村观察》第5期，第55~59页。

杨燕绥、胡乃军、刘广君，2013，《清华提8个方案改革养老体制：含并轨和延退》，《第一财经日报》8月12日。

杨燕绥、赵建国、韩军平，2004，《建立农村养老保障的战略意义》，《战略管理》第2期，第32~50页。

曾毅，2001，《中国人口老龄化的"二高三大"特征及对策探讨》，《人口与经济》第 6 期，第 3~9 页。

张冬敏，2011，《新型农村社会养老保险制度的统筹层次研究》，《经济体制改革》第 4 期，第 86~89 页。

张华初、吴钟健，2013，《新型农村社会养老保障财政投入分析》，《经济评论》第 2 期，第 51~57 页。

郑功成，2002a，《农民工的权益与社会保障》，《中国党政干部论坛》第 8 期，第 22~24 页。

郑功成，2002b，《中国社会保障制度变迁与评估》，北京：中国人民大学出版社。

郑功成，2003，《中国养老保险制度的未来发展》，《劳动保障通讯》第 2 期，第 22~27 页。

郑功成，2011b，《中国社会保障改革与发展战略·养老保险卷》，北京：人民出版社。

《郑功成：捆绑式参保损害农村老年人福利的实现》，http://finance. ifeng. com/opinion/mssd/20110728/4319671. shtml，最后访问日期：2019 年 4 月 1 日。

中国社会科学院社会学研究所，2008，《养老保险和农村金融双赢的制度安排——新疆呼图壁县养老保险证质押贷款研究》，《东岳论丛》第 7 期，第 32~47 页。

《中国统计年鉴》（2001~2018），参见国家统计局网站。

中华人民共和国财政部，《2009 年中央财政收入决算表》，http:// yss. mof. gov. cn/2009nianquanguojuesuan/201007/t20100709_32 7133. html，最后访问日期：2019 年 4 月 10 日。

中华人民共和国财政部，《2011 年中央财政收入决算表》，http:// yss. mof. gov. cn/2011qgczjs/201207/t20120710 _ 665247. html，最后访问日期：2019 年 4 月 10 日。

中华人民共和国国家统计局，《中国统计年鉴》（2001~2018），参见国家统计局网站。

周业安，2000，《中国制度变迁的演进论解释》，《经济研究》第5
期，第3~11页。

朱俊生，2012，《新农保的发展趋势》，《中国社会保障》第11期，
第42~43页。

Aaron, H. J. & Reischauer, R. D. 1998. "Perspective: 'Rethinking
Medicare Reform' Needs Rethinking." *Health Affairs* 1: 67 – 98.

Aaron, H. J. & Reishauer, R. D. 1998. *Countdown to Reform.* New York:
Century Foundation Press.

Aaron, H. J. 1996. "The Social Insurance Paradox." *Canadian Jour-
nal of Economics* 32.

Barro, R. 1976. "Rational Expectations and the Role of Monetary Poli-
cy." *Journal of Monetary Economics* 1: 1 – 32.

Cai Fang, Giles & Wang Dewen. 2009. *The China Population and Labor
Yearbook Volume* 1: *The Approaching Lewis Turning Point and Its
Policy Implications.* Boston: Brill.

Diamond, P. 1998. "The Economics of Social Security Reform." *NBER
Working Paper*, No. 6791.

Douglas, B. B. , & Scholz, J. K. 1993. *Private Saving and Public Poli-
cy, Tax Policy and The Economy.* Cambridge: MIT Press.

Feldstein, M. S. 1974. "Social Security Induced Retirement and Aggre-
gate Capital Accumulation." *Journal of Political Economy* 82: 905 –
926.

Feldstein, M. S. & Andrew, S. 1999. "The Transition to Investment-
based Social Security When Portfolio Returns and Capital Profit-
ability Are Uncertain." *NBER Working Paper* 7016.

Graham A. N. , "Cash, Children or Kind Developing Old Age Security
for Low-Income People in Africa", https://link. springer. com/
chapter/10. 1007/978 – 3 – 540 – 76641 – 4_ 15, Last accessed
time: April 10, 2019.

Gruber, J. & Wise, D. 1999. *Social Security Programs and Retirement Around the World.* Chicago: University Press for the NBER.

Hayek. 1960. *The Constitution of Liberty.* Chicago: Chicago Pres.

Hayek. 1973. *Law, Legislation and Librrty, Rules and Order* (1). The University of Chicago Press.

Jessica, K. M., Johnson & John, B. W. 2006. "Do Universal Non-contributory Old-age Pensions Make Sense for Rural Areas in Low-income Countries?" *International Social Security Review* 4: 47.

Klaus Schmidt-Hebbel. 1999. "Chile's Pension Revolution Coming of Age", *Paper prepared for the DIA Project*, http://schmidt-hebbel. com/pdf/SH99PR. pdf.

Kopits, G. & Gotur, P. 1960. "The Influence of Social Security on Household Savings: A Cross-Country Investigation. " *IMF Staff Papers* 27: 161 – 190.

Larry, W. 2007. "Universal Pensions for Developing Countries. " *World Development* 1: 24 – 51.

Leisering, L., Sen, G. & Hussain, A. 2002. "Hussain People's Republic of China-Old-Age Pensions for the Rural Areas From Land Reform to Globalization. " *Asian Development Bank.*

Madhurantika Moulick, Angela Mutua, Moses Mutua, Corrinne Ngurukie, Michael Onesimo.

Nicholas, B. 2000. "Reforming pensions: Myths, Truths, and Policy Choices. " *IMF Working Paper*, WP/00/139.

North. 1978. "Institutions, Transaction Costs and Economic Growth. " *Economic Inquiry* 7, http://www. nber. org/papers/w7016.

Patton, M. Q. 1990. "Qualitative Evaluation and Research Methods", "*Research in Nursing and Health*," (12).

Peter Dimond, Barr, N. 2006. "The Economics of Pensions", *Oxford Review of Economic Policy*, 22 (1): 15 – 39.

Peter, S. 1991. "Labor and the Limits of the Welfare State." *Comparative Politics*.

Posel. D. & Casale, D. 2003. "What has been Happening to Internal Labor Migration in South Africa 1993 ~ 1999." *South Africa Journal of Economics* (3): 455 – 479.

Robert Holzmann, David A. Robalino, Noriyuki Takayama, "Closing the Coverage Gap: Role of Social Pensions and Other Retirement Income Transfers", https://openknowledge. worldbank. org/bitstream/handle/10986/2651/493180PUB0REPL10Box338947B01PUBLIC1. pdf; sequence = 1#page = 205, Last accessed time: April 11, 2019.

Samuelson, P. 1958. "An Exact Consumption-loan Models of Interest with or Without the Social Contrivance of Money." *Journal of Political Economics*.

Slate, S. 1994. *The Impact of Government Deficits and Social Security on Private Saving: Experimental Evidence.* Ph. D. Dissertation of University of Colorado at Boulder.

United Nations Department of Economic and Social Affairs. "Population Ageing and Development 2012." www. unpopulation. org.

附录　访谈提纲

S 市人社局局长、副局长及前任人社局局长、副局长：

1. 在推行老农保政策之前，当地农村有没有自发式的养老方式，请您介绍一下。

2. 老农保推行的经济背景、实施方法和效果是怎样的？

3. 您认为老农保之所以失败的原因是什么？

4. 您认为新农保在具体实施过程中有哪些障碍和困境，其中最为突出、最为严重的是什么？

5. 就目前的经济发展水平和农民的需求来讲，您认为中央政府和地方政府的资金投入是否合理，为什么？

6. 您认为现行的新农保政策想要更稳定、持续地发展，应该在哪些方面做出努力？

7. S 市新农保运行过程中有别于其他地方的特色是什么？

8. 您认为新农保未来发展的理想模式是什么样的？

9. 您认为农民对新农保制度的哪些方面会存在不满？

农民：

1. 请问您的年龄、文化程度、健康状况？

2. 有几个子女？在外打工还是在家？在外打工多久了？

3. 请问您每月收入大约是多少？都是怎么来的？

4. 您每月的支出都有哪些？食品、衣服、居住、交通和通信、医疗保健、其他？

5. 您家有多少亩地？

6. 您得到过什么样的社会救助？

7. 您参加过老农保吗？如果参加过，当时的制度是怎么规定的？

8. 村子里在老农保之前最初有没有自发的养老保险形式？

9. 新农保制度正式实施之前，您的社会养老保险有没有来自政府的补助？

10. 是否参加了新农保？参加了几个月？您目前缴纳保费的档次？是否有过变化？未来想提高缴费档次还是降低，为什么？

11. 是否已经领取养老金？已经领取了几个月？每月领基础养老金和个人账户养老金分别是多少？

12. 是否能够按月领取？领取的过程是否方便？

13. 您最初知道新农保是通过什么方式？

14. 政府有没有相关人员向您宣传普及新农保政策规定？大概多久普及一次？

15. 除了参加新农保以外有没有其他的养老方式？

16. 您认为您每月领取的养老金够不够生活？大约多少钱够用？您期望的每月养老费用是多少？

17. 您认为年老时与谁一起居住比较好？

18. 您感觉有没有养老的压力？

19. 您对60岁以上老人可以直接领取养老金、但是子女必须参加新农保的做法怎么看？

20. 您认为比较合理的缴费水平和待遇水平是怎样的？

21. 新农保是否给您的生活水平带来了提高，提高大吗？

22. 新农保是否减轻了您赡养老人的负担？减轻的多吗？

23. 村集体每月补助的金额是多少？您认为根据村里的经济水平这些钱是多是少？

24. 您认为新农保最让您不满意的地方是什么？最让您满意的地方是什么？

25. 您周围的人对新农保怎样评价？

26. 最初了解新农保政策时是怎样的心情？

27. 未来是否打算获得城镇户口到城市里居住?

28. 参加新农保以后,您的生活有了哪些变化?

29. 您认为"捆绑制"是否合理?

村干部:

1. 请您简单介绍一下村里的总体情况,集体经济发展情况、特色产业、在镇里的排名等。

2. 村里在实行老农保之前有没有自发的集体养老方式?

3. 老农保制度最初是由村里自发形成的模式演变来的,还是国家规定了相关制度之后才形成的?

4. 老农保实施的背景和过程是怎样的?

5. 老农保最后怎么停了呢?

6. 在新农保制度实施之前农民大都采取什么方式养老?

7. 新农保制度正式颁布之前(2009 年),有没有关于新农保的探索?

8. 村里自 2009 年以来新农保覆盖率是多少?

9. 您作为村干部,在新农保实行初期是否被上级要求率先参保?

10. 请您介绍一下村委会在新农保中主要承担的工作。

11. 办公经费每年有多少?来源是什么?

12. 据您了解农民的参保意愿如何?

13. 农民对新农保反映最强烈的意见是什么?

14. 新农保工作过程中最大的障碍是什么?您认为应该怎样解决?

15. 您对新农保的评价是什么?您认为这项制度对农民的生活影响大吗?

16. 您对新农保政策规定有哪些期望或要求?

17. 中央政府和地方政府在新农保中给农民的补助分别是多少?您认为是多是少?为什么?

18. 村里有没有其他经济组织、社会公益组织、个人对新农保提供资助?

镇分管新农保领导:

1. S市老农保是哪一年开始实行的?在老农保制度颁布之前农村的养老方式是怎样的?

2. S市老农保制度是接到指示才实行的还是之前就有类似的探索?

3. S市老农保制度实行的几年间覆盖率大约是多少?

4. 您认为老农保制度为什么实行不下去?

5. 在2009年国家正式颁布新农保试点《指导意见》之前,政府对农村养老保险有没有补贴?

6. 请您介绍新农保制度实施以来的基本情况,S市有什么特色之处?

7. 您认为新农保试点工作实施过程中面临的障碍有哪些?原因是什么?

8. 您认为影响农民参保意愿的原因是什么?为什么?

9. 就S市而言,您认为应该采取什么措施使新农保更有效、更持续地发展?

10. 农民对新农保反映比较多的问题有哪些?您认为应该怎样解决?

11. 您认为就目前的财政情况,中央和地方的补贴水平是否合理?为什么?

12. S市在对被征地农民、农民工等特殊群体的新农保有没有特别的规定?

13. 您认为新农保未来的发展趋势是怎样的?建设城乡一体的养老保障制度体系的内容有哪些?

S市新农保经办机构领导:

1. 在各个镇是否设有专门从事新农保工作的经办机构?是否有专业从事农保工作的工作人员?每个镇有几个工作人员?他们的基本信息是?(年龄、性别、学历、就业形式等),他们的主要工作有哪些？

2. 市经办机构编内人员？兼职人员？应聘人员？总人数？分性别人数？

3. 经办人员学历构成？职称构成？经办人员来源？

4. 经办机构的性质是什么？全额拨款？差额拨款？自收自支？

5. 经办机构经费来源是？有没有纳入统计财政预算？是否可以满足工作的开展支出？日常工作经费拨付有没有统一的标准和依据？

6. 场所总面积？前台服务用面积？信息化系统用面积？业务管理用面积？行政部门用面积？计算机数量？计算机网络化方式？交通工具数量？

7. 管理成本每年多少钱？

8. 参保人数？参保率？征缴总额？征缴率？给付水平？给付率？基金收入？基金支出？

9. 主要的业务工作和业务流程是什么？

10. 您认为在新农保经办过程中遇到的障碍和困难是什么？机构内部是否能够解决？希望政府怎样解决？

11. 您认为经办机构在新农保工作过程中为农民提供服务时是否方便快捷？

12. 农民反映较多的问题有哪些？

13. 是否定期对农保工作人员进行培训？培训的内容有哪些？

图书在版编目（CIP）数据

农村社会养老保险制度的变迁：基于主体互动的视
角/王成程著. -- 北京：社会科学文献出版社，
2019.6
ISBN 978 - 7 - 5201 - 4671 - 5

Ⅰ.①农…　Ⅱ.①王…　Ⅲ.①农村 - 社会养老保险 -
养老保险制度 - 研究 - 中国　Ⅳ.①F842.612

中国版本图书馆 CIP 数据核字（2019）第 065112 号

农村社会养老保险制度的变迁
—— 基于主体互动的视角

著　　者/王成程

出 版 人/谢寿光
责任编辑/胡庆英

出　　　版/社会科学文献出版社·群学出版分社（010）59366453
　　　　　　地址：北京市北三环中路甲29号院华龙大厦　邮编：100029
　　　　　　网址：www.ssap.com.cn
发　　　行/市场营销中心（010）59367081　59367083
印　　　装/三河市尚艺印装有限公司

规　　　格/开　本：787mm×1092mm　1/16
　　　　　　印　张：12　字　数：160千字
版　　　次/2019年6月第1版　2019年6月第1次印刷
书　　　号/ISBN 978 - 7 - 5201 - 4671 - 5
定　　　价/69.00元